湖北省社科基金：长江经济带科技创新对绿色经济效率
（HBSK2022YB299）
教育部哲学社会科学研究重大专项：健康中国视野下习
（2022JZDZ010）
中央高校基金：大思政基地研究（G1323523031）

经管文库·经济类
前沿·学术·经典

技术创新赋能
长江经济带绿色发展

TECHNOLOGICAL INNOVATION ENABLES THE GREEN DEVELOPMENT OF THE YANGTZE RIVER ECONOMIC BELT

汪再奇 著

经济管理出版社
ECONOMY & MANAGEMENT PUBLISHING HOUSE

图书在版编目（CIP）数据

技术创新赋能长江经济带绿色发展 / 汪再奇著. --
北京：经济管理出版社，2024.11（2025.3重印）.
　　ISBN 978-7-5096-9681-1

　　Ⅰ．①技…　Ⅱ．①汪…　Ⅲ．①长江经济带—区域经济
—技术革新—研究②长江经济带—绿色经济—区域经济发
展—研究　Ⅳ．①F127.5

　　中国国家版本馆 CIP 数据核字（2024）第 084450 号

组稿编辑：杨国强
责任编辑：赵天宇
责任印制：许　艳
责任校对：蔡晓臻

出版发行：经济管理出版社
　　　　　（北京市海淀区北蜂窝 8 号中雅大厦 A 座 11 层　100038）
网　　　址：www.E-mp.com.cn
电　　　话：（010）51915602
印　　　刷：北京厚诚则铭印刷科技有限公司
经　　　销：新华书店
开　　　本：720mm×1000mm/16
印　　　张：12.75
字　　　数：208 千字
版　　　次：2024 年 11 月第 1 版　　2025 年 3 月第 2 次印刷
书　　　号：ISBN 978-7-5096-9681-1
定　　　价：98.00 元

前　言

河流孕育文明。综观世界级的知名城市，大多坐落在大江大河之滨。

长江，是亚洲第一长河。长江流域为中华文明的延续发展提供了丰富的物质基础和良好的自然条件，与黄河流域同为中华文明的重要发祥地，是新时代中国经济社会发展的重要战略区域。长江经济带横贯我国东中西三大区域，覆盖 11 个省市，地域面积约 205 万平方千米，人口和经济总量超过全国 40%，是我国经济发展的重心所在、活力所在。党和国家高度重视长江经济带的创新发展与绿色发展。习近平总书记多次到长江经济带所在省市开展调研，指导和督促相关省市推动长江经济带创新发展、绿色发展。

党的二十大报告指出，"高质量发展是全面建设社会主义现代化国家的首要任务"，要"坚持创新在我国现代化建设全局中的核心地位""必须牢固树立和践行绿水青山就是金山银山的理念，站在人与自然和谐共生的高度谋划发展"。2023 年 7 月，习近平总书记在参加全国生态环境保护大会上指出，新征程上推进生态文明建设需处理好几对重大关系：高质量发展和高水平保护的关系、重点攻坚和协同治理的关系、自然恢复和人工修复的关系、外部约束和内生动力的关系、"双碳"承诺和自主行动的关系。2023 年 9 月，习近平总书记在考察黑龙江时指出，要以科技创新引领产业全面创新，加强绿色发展技术创新。因此，要实现上述战略定位，必须把创新发展和绿色发展作为高质量发展的重要内容，既要坚持生态优先、绿色发展的战略地位，又要实现创新驱动产业转型升级。作为我国经济发展中的重要战略区域，长江经济带必须坚持高质量发展之路，坚持《长江经济带发展规划纲要》中的区域发展定位，把长江经济带建设成为生态文明建设的先行示范带、引领全国转型发展的创新驱动带、具有全球影响力的内河经济带、东中西互动合作的协调发展带。

在推进经济高质量发展的科学研究和实践探索中，科技创新和绿色发展是两个十分重要的维度，区域科技创新和绿色经济效率因其具有可测性而得到学术界广泛认可。所谓区域科技创新，指在一定程度上反映了贯穿于经济活动中的原创性科学研究、技术创新和管理创新输出的因素在某一区域内汇集、梳理以及推动持续性发展的过程。绿色经济效率指对某一区域融入绿色发展理念的经济效率评价指标，与区域绿色经济产出成正比，与人力、资本、土地、能源、技术等资源投入成反比，与废水、废气等环境产出成反比。上述两个概念为开展长江经济带高质量发展提供了重要参考。目前，学术界开展了不少相关研究。但是，区域科技创新和绿色经济效率二者之间有没有关系？学术界研究还略显不足，实践中也需要理论探索并为其提供理论指导。尤其是科技创新能否对绿色经济效率产生影响？如果能产生影响，又是如何影响的？对我们有什么启示？带着这些问题，本书开展系列研究。

本书尝试以长江经济带为研究区域，从理论上、实证上探讨长江经济带科技创新对绿色经济效率的影响。在理论上，尝试通过文献梳理和理论分析，构建理论框架，分析长江经济带科技创新对绿色经济效率的影响。在理论分析的基础上进行实证研究，运用因果分析方法探究区域科技创新与绿色经济效率的关系，在确定区域科技创新是绿色经济效率的驱动力基础上，运用空间计量模型检验驱动效应的大小及驱动机制，据此提出相关结论和启示。

本书可以为区域经济学、产业经济学、创新经济学、环境经济学相关领域的研究人员提供理论参考，为有关政府部门完善产业和区域政策提供决策依据。同时，本书可以作为高等院校本科生选修课或研究生区域经济学、产业经济学前沿课程的参考教材。

本书在撰写过程中，得到了中国地质大学（武汉）马克思主义学院、经济管理学院等单位领导及相关教授（专家）的支持和指导，借此表示诚挚谢意！由于作者水平有限，编写时间仓促，书中错误和不足之处在所难免，恳请广大读者批评指正。

汪再奇

2023 年 12 月

目　录

1 导论

1.1 研究背景及意义

1.1.1 研究背景

1.1.1.1 创新驱动和绿色发展是我国推动高质量发展的重要内容

中共十八大报告中提出，我国社会主要矛盾已经转化为人民日益增长的美好生活需要和不平衡不充分的发展之间的矛盾。当前，我国经济发展的生产函数已发生改变，其组合方式、要素条件以及配置效率正在产生变化，生态环境和能源资源等硬约束越发达到上限值，碳达峰与碳中和目标成为今后经济社会发展的约束框架，因此，高质量发展是面临各类约束条件背景下的最优选择（刘鹤，2021）。

创新是高质量发展的第一动力。习近平总书记在 2020 年全国科学家座谈会上指出，当今世界正经历百年未有之大变局，我国发展面临的国内外环境发生深刻复杂变化，我国"十四五"时期以及更长时期的发展对加快科技创新提出了更为迫切的要求。现在，我国经济社会发展和民生改善比过去任何时候都更加需要科学技术解决方案，都更加需要增强创新这个第一动力。中国唯有坚持科技创新为发展的第一动力，大力推进科技创新，致力于建成世界科技强国和世界科学中心，才有可能实现中华民族伟大复兴的中国梦。

绿色发展是建设现代化经济体系的重要体现，是高质量发展的重要内容（刘金科和肖翊阳，2022）。近年来，党和国家把"绿色发展"确立为五大发展理念之一，将生态文明建设纳入中国特色社会主义事业"五位一体"总布局，把坚持"人与自然和谐共生"纳入基本方略，把"生态文明"写入宪法，把"美丽中国"确定为建设社会主义现代化强国的重要目标。《中华人民共和国国民经济和社会发展第十四个五年规划和 2035 年远景目标纲要》指出，要构建生态文明体系，推动经济社会发展全面绿色转型。在习近平生态文明思想指引下，中国的生态文明建设、绿色发展，从实践到认识发生了历史性、转折性、全局性变化（李干杰，2019）。

《中共中央关于党的百年奋斗重大成就和历史经验的决议》中指出，高质量发展是以五大发展理念为核心，其中，第一动力是创新、内生特点是协调、普遍形态是绿色、必由之路是开放、根本目的是共享，关键在于推动质量变革、效率变革、动力变革。

1.1.1.2 创新驱动与绿色发展有机结合是长江经济带高质量发展的关键所在

长江经济带横贯我国东中西部，涵盖上海、江苏、安徽、湖北等 9 省 2 市，总面积约 205.23 万平方千米，约占我国总国土面积的 21.4%。长江经济带是我国经济发展的重心所在、活力所在，人口和生产总值均超过全国的 40%，我国五大城市群中有三个城市群落在长江经济带中（马建华等，2021）。从产业发展和布局上看，长江经济带拥有三大产业群：重化工产业群、机电工业产业群和新技术产业群。尤其是重化工产业群，主要包括钢铁、能源、石化、建材等产业，这些产业在长江经济带均有一定规模，不乏大型龙头企业，尤其是化工产业的产量，接近全国一半，占全国 46%，水泥产业的产量超过全国 40%，钢铁产业的产量达全国的 36%。

党和国家高度重视长江经济带创新发展与绿色发展。习近平总书记多次到长江经济带所在省市开展调研，指导和督促相关省市推动长江经济带创新发展、绿色发展。随着《关于依托黄金水道推动长江经济带发展的指导意见》《长江经济带创新驱动产业转型升级方案》《长江经济带发展规划纲要》等重要文件先后提出，长江经济带要加快创新驱动促进产业转型升级，构建长江经济带现代产业走廊，成为我国坚持生态优先、绿色发展，共抓大保护，不搞大开发的示范区、先行区。创新发展是长江经济带高质量发展的第一动力，绿色发展是长江经济带永续发展的必要条件（成长春和何婷，2019）。因此，长江经济带既要坚持生态优先、绿色发展的战略地位，又要实现创新驱动产业转型升级，只有实现二者有机结合，才能推动长江经济带高质量发展（李伟等，2015）。

1.1.1.3 深化区域科技创新对绿色经济效率的影响研究是高质量发展的现实所需

自我国实施改革开放以来，经济得到快速增长，一跃成为世界第二大经济体，但在经济的高速增长过程中，一味追求经济效率而忽略了生态环境，给国家和社会带来了许多环境污染、资源耗竭等问题，传统的经济效率已经很难全面、完整地反映经济运行的真实效率（吴传清和周西一敏，2020），在这个背景下，有学者在传统经济效率的研究基础上，考虑环境因素，将绿色发展理念融入经济效率测评，提出了绿色经济效率。由于绿色经济效率可以用数据量化区域经济发展，便于横向与纵向的分析对比，其概念本身就体现了高质量发展的要求，因此逐渐成为学界研究的热点，目前已有不少学者运用绿色经济效率测度区域经济效率，并据此开展分析研究，提出意见建议。在中国知网以"绿色经济效率"为词条，可以检索到相关论文 195621 篇。在 web of science 合集上以"Green economy efficiency"为词条，可检索到相关论文 3080 篇。

科技创新是创新发展的源泉和动力，从 20 世纪 90 年代开始，一直是学术界研究的热点，在中国知网以"科技创新"为词条，可以检索到相关论文 195621 篇。在 web of science 合集上以"Science and technology innovation"为词条，可以检索到相关论文 518044 篇，大量的科技创新研究工作与我国创新驱动发展的实践相得益彰、相互促进。目前，尽管已经开展了大量关于区域科技创新对经济社会影响的研究，但聚焦于流域科技创新对绿色经济效率的影响机制及效应的系统性研究还不够深入系统。一般而言，区域科技创新对绿色发展或者对经济效率的影响可能存在三种状态：正向影响、负向影响和影响不显著。绿色经济效率是充分考虑绿色发展理念的经济效率，提高长江经济带绿色经济效率是坚持"生态优先绿色发展"的重要体现，科技创新对其会不会产生影响，影响机制是怎样的，影响结果是正向还是负向的，如何才能提升科技创新的正向驱动作用，尚需要学者进行科学研究和系统论证。

1.1.2　研究意义

1.1.2.1　学术价值

一是区域科技创新、绿色经济效率是高质量发展的重要内容，是"创新、协调、绿色、开放、共享"发展理念的重要体现，开展相关理论研究和实践分析，可以丰富习近平新时代中国特色社会主义思想，尤其是习近平生态文明思想和习近平关于科技创新的重要论述的研究。

二是绿色经济效率是绿色增长理论的重要研究内容，可通过对其内涵进行界定并纳入区域科技创新这一重要驱动，进而深入探究区域科技创新影响绿色经济效率的理论逻辑并实证分析其影响结果，有利于丰富和扩展科技创新由实现经济增长到实现绿色增长的相关理论脉络。

三是通过科学界定区域科技创新与绿色经济效率的理论内涵，并运用改进的 TOPSIS 综合评价方法和 Meta-frontier Malmquist 指数模型系统评价长江经济带科技创新水平和绿色经济效率，运用 PVAR 模型验证长江经济带科技创新与绿色经济效率的因果关系，确定科技创新的驱动力作用后，进而引入创新的柯布—道格拉斯生产函数构建模型，深入分析科技创新对绿色经济效率的影响效应，探究科技创新的引致政策如何提升长江经济带的绿色经济效率，为相关领域研究提供新方法和新思路。

1.1.2.2　现实意义

一是有利于为加速实现长江经济带绿色转型和高质量发展提供政策参考。依靠科技创新驱动绿色经济效率提升是长江经济带生态优先、绿色发展的重要践行。本书从理论到实证系统分析了长江经济带科技创新影响绿色经济效率的机制、效应和政策，以及这些影响在区域和城市的异质性，能够科学识别科技创新驱动绿色经济效率提升中的难点和堵点，进而提出科学高效、精准适宜的政策方案。

二是有利于为我国的绿色发展和高质量发展提供蓝本，助力实现人民对美好生活的向往。长江经济带具有重要的经济地位、生态地位及强大的辐射带地位，科技创新驱动长江经济带绿色经济效率的优化效果既能发挥其辐射带动作用，又能为其他流域经济区如黄河流域的生态保护和高质量发展提供"试验田"，提高我国绿色发展和高质量发展的速度。

1.2　研究思路及内容

1.2.1　研究思路

本书的研究思路技术路线如图 1.1 所示。

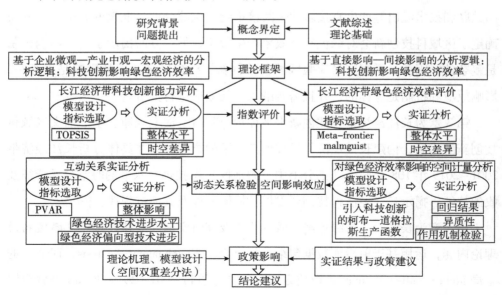

图 1.1　技术路线

1.2.2 研究内容

本书研究内容遵循研究思路及逻辑框架，主要包括区域科技创新对区域绿色经济效率影响机理的理论分析、长江经济带科技创新和绿色经济效率整体情况及其时空差异、长江经济带科技创新与绿色经济效率的动态关系检验和空间影响效应分析、长江经济带科技创新的引致政策对绿色经济效率的影响，具体分为八章展开研究：

第1章为导论。分析选题的研究背景及意义，梳理相关的文献资料并总结现有研究不足和可扩展的研究空间，进而奠定本书的理论基础、研究价值与现实意义。在此基础上，系统梳理本书的研究思路、拟研究的主要内容及对应的研究方法，最后总结本书可能的创新点。

第2章为区域科技创新对绿色经济效率影响机理的理论框架。通过对区域科技创新和绿色经济效率的内涵进行科学界定，并对与本书相关的理论进行阐释，进而总结相关理论启示，提出区域科技创新既会基于科技创新的作用渠道从微观企业—中观产业—宏观经济对区域绿色经济效率产生影响，并在区域层面由于空间关联和技术溢出等产生直接影响—间接影响。该部分理论框架的分析，一方面确定了区域科技创新会对绿色经济效率产生影响，另一方面揭示了这一影响机制是复杂的。因此，需要定量检验区域科技创新对绿色经济效率的影响是否存在，影响效应和机制是怎样的，并且需要纳入空间效应进行分析。

第3章为长江经济带科技创新水平评价及其时空演变规律。基于前文区域科技创新的内涵，构建长江经济带科技创新水平的指标体系并具体分析长江经济带2001~2019年108个城市（细分上中下游地区）科技创新水平的时空分异特征及收敛特征，揭示长江经济科技创新发展的协同程度及其演进规律。

第4章为长江经济带绿色经济效率测度及其时空演变规律。基于文献资料及理论内涵，运用基于前沿面数据包络分析（Data Envelopment Analysis，DEA）的全局Meta-frontier Malmquist指数方法对长江经济带2001~2019年108个城市绿色经济效率进行测度及效率分解，并从全域、上中下游地区细致分析了绿色经济效率及其分解指数的时空演变及收敛性特征，探究长江经济带绿色经济效率的内在结构要素，揭示绿色经济效率发展的短板及困境。

第 5 章为长江经济带科技创新与绿色经济效率的动态关系检验。鉴于绿色发展对科技创新的需求可能形成反向推动力，运用面板 VAR 模型对长江经济带科技创新与绿色经济效率及其相关分解效应的关系进行检验，试图探究科技创新是否形成了绿色经济效率的有效驱动力，且主要驱动的技术结构要素是什么，动态趋势是怎样的。本章分析是空间效应检验的基础。

第 6 章为长江经济带科技创新对绿色经济效率的空间影响效应。鉴于第 5 章确定了长江经济带科技创新对绿色经济效率的单向驱动关系和规避了可能的反向因果问题，本章运用空间计量模型检验长江经济带科技创新对绿色经济效率的本地影响效应和邻地溢出效应，并分析科技创新对绿色经济效率分解效应的本地—邻地及长期和短期的影响效应。

第 7 章为长江经济带科技创新政策对绿色经济效率的影响。科技创新对绿色经济效率的影响离不开政策支持，因此纳入科技创新政策运用空间 DID 模型分析科技创新的引致政策对绿色经济效率及其分解效应的影响，既讨论了政策的本地效应，也讨论了政策试点地区示范作用导致的政策扩大作用。

第 8 章为基本结论与启示。总结全书的主要研究结论，并据此提出依靠科技创新提高长江经济带绿色经济效率的建议。

1.3 研究方法与创新点

1.3.1 研究方法

围绕研究目标和拟解决的关键科学问题，本书综合采用了理论分析与实证分析相结合、定性分析与定量分析相结合的多种研究方法，具体如下：

1.3.1.1　规范分析法

在系统梳理国内外相关研究的基础上，依据经济学相关理论，界定区域科技创新与绿色经济效率内涵，基于微观企业—中观产业—宏观经济的分析逻辑和直接影响—间接影响的分析逻辑，建立了科技创新对绿色经济效率影响机理的理论框架。

1.3.1.2　比较分析法

对长江经济带区域内上中下游以及 108 个城市的科技创新、绿色经济效率进行了测度和比较分析，研究了不同时段变化趋势，为各区域各城市了解绿色发展状况提供一种观测视角。

1.3.1.3　实证分析法

实证分析主要是科技创新水平与绿色经济效率评估，影响因素分析及政策效果评估，具体包括：

一是利用改进的面板 TOPSIS 评价方法分析长江经济带科技创新水平；

二是通过 Meta-frontier Malmquist 指数方法测算长江经济带 108 个城市的绿色经济效率及其分解效率；

三是基于面板 VAR 模型检验科技创新与绿色经济效率的因果关系，明确科技创新对绿色经济效率的驱动作用；

四是采用空间统计方法梳理长江经济带科技创新与绿色经济效率的时空分异规律，引入空间面板计量模型（空间杜宾模型、空间双重差分模型等）讨论长江经济带科技创新对绿色经济效率的空间影响效应；

五是运用空间 DID 模型探究政策引致型的区域科技创新如何作用于绿色经济效率，进而为政策建议提供思考。

1.3.2　主要创新点

一是构建了区域科技创新影响绿色经济效率的基本理论分析框架。基于区域科技创新与区域绿色经济效率的内涵特征及其主要构成要素，分别基于企业微观—产业中观—宏观经济的分析逻辑和直接影响—间接影响—空间差异的分析逻辑，从理论上系统阐释了区域科技创新对绿色经济效率的影响机理，并以此构建科技创新对绿色经济效率影响的理论框架，进一步丰富了我国区域经济在创新发展、绿色发展和高质量发展等方面的相关理论。

二是尝试引用基于双前沿面数据包络分析的区间全局 Meta-frontier Malmquist 指数方法测度长江经济带绿色经济效率。该方法综合考虑了决策单元在乐观前沿面和悲观前沿面下的生产率表现，能够提供更加无偏和全面的结论，本书基于模型的这一优点，从资源投入、经济产出、环境产出三个层面选择指标并构建模型，开展对长江经济带绿色经济效率及其时空演变规律的分析，推动了 Malmquist 生产率指数在长江经济带不确定的决策环境中的应用。

三是基于"空间+时期"联动视角分析了长江经济带科技创新对绿色经济效率的影响效应。长江经济带是互联互通、休戚与共的生态共同体和经济共同体，且科技创新的溢出效应与绿色经济的竞争效应并存，科技创新的持续累积作用机制和发展理论转变及政策驱动下绿色经济效率改善结果可能并存。因此，本书基于空间计量模型细致分析了长江经济带科技创新对绿色经济效率的影响，并将这种影响进一步分解为本地效应、溢出效应以及与之相对应的短期（本地、溢出）效应和长期（本地、溢出）效应，试图解析长江经济带科技创新对绿色经济效率的多元时空影响。

四是揭示了区域科技创新政策对绿色经济效率的直接激励效应及其形成示范的扩大作用效应。空间 DID 模型作为一种新的政策评估方法，既继承了传统 DID 模型对政策净效应的分析优势，又纳入网络外部性探究政策的空间效应。本书应用该方法分析科技创新政策对绿色经济效率的影响，解释了科技创新政策的示范者效应和辐射带动效应。

2 区域科技创新对绿色经济效率影响机理的理论框架

增强区域科技创新能力，提高区域绿色经济效率是实现区域经济高质量发展的重要途径。本章重点从区域经济高质量发展视角，对区域科技创新和区域绿色经济效率的基本内涵予以界定，阐述相关理论基础，据此揭示科技创新对绿色经济效率的影响机理，进而构建区域科技创新影响绿色经济效率的基本理论分析框架。

2.1 相关文献回顾

2.1.1 区域科技创新测算及其经济社会影响研究

2.1.1.1 区域科技创新测度评价

美国在 1950 年就尝试采用指标分析的方法对科技水平进行评价，首份《科学指标》于 1973 年面世。随后，有关科技创新水平评价体系的研究逐渐盛行。其中，瑞士洛桑国际管理学院（1990）提出的评价指标体系最具代表性，该指标体系包括研发人力资源、科学环境状况、研发财力资源、技术管理状况、知识产权保护状况 5 个方面共计 26 个具体指标，采用加权平均法对各国的科技创新水平进行综合评价。经济合作与发展组织科技委员会开发的测度科技创新和创新产出指标共包括人力资源流动、科技系统活动与网络等 10 个项目（苏宁和沈玉良，2020）。《全球创新指数》年度报告，将创新分为 81 个指标，其中，投入方面的指标主要包括制度、人力、基础设施、市场成熟度、商业成熟度五个方面；产出方面的指标主要包括知识与技术产出、创意产出两个方面（王健等，2021）。中国科技发展战略研究小组（2003）从知识创造、知识流动、创新环境、企业技术创新水平和创新的经济效益五个方面构建了区域科技创新水平评价指标体系。

　　除相关机构发布的区域科技创新指标体系外，不少学者尝试采用不同指标、构建不同模型，对区域及企业的科技创新水平进行了测度和分析。在影响因素和测度评价指标选取方面，学者基于不同维度构建了差异化的评价指标体系。例如，Saxenian（1988）通过分析不同区域创新系统的特征和过程，指出科技资源、创新企业、政策环境以及协同创新能力是区域科技创新水平评价指标体系的主要组成部分。周立和吴玉鸣（2006）从知识创造、知识获取、企业创新、创新环境、创新绩效五个方面对我国区域创新水平进行因素分析和聚类分析。田志康等（2008）从创新驱动、知识创造、企业创新、技术应用、知识产权五个方面构建科技创新水平评价体系。Qiao（2008）研究发现，专利的维护时间是衡量创新水平的主要指标之一。孙钰等（2008）从基础支撑、经济投入、科技支持、教育储备四个方面构建城市科技创新水平评价体系。张序萍等（2010）从技术投入能力、技术产出能力、技术扩散能力、技术支撑能力四个方面构建区域技术创新水平综合评价指标体系。Zeng 等（2010）构建了包括创新组织子系统（以高新技术企业为主）、创新支持子系统（以技术中介为主）和创新环境子系统三个方面的科技园区创新水平评价指标体系。李高扬和刘明广（2011）从知识创造能力、知识获取能力、企业科技创新水平、社会创新环境、创新经济效益五个方面构建区域创新水平评价的指标体系。Uzagalieva 等（2012）研究发现，高技术产业的创新对所在地区的科技创新水平产生很大影响。常涛等（2015）从创新基础、投入、产出和效益四个方面构建了区域科技创新评价体系。

在研究方法方面，学者主要采取 DEA 模型、SBM-Malmquist 模型、耦合协调度模型、熵权-TOPSIS、主成分分析等（陈银娥等，2021）。例如，唐炎钊（2004）运用模糊数学方法构建了区域科技创新水平的模糊综合评估模型。Li 等（2010）以企业技术创新水平评价指标体系为基础，运用层次分析法，获取了企业技术创新水平的综合评价指标权重分布。Xu 和 Chen（2014）运用数据聚类和多元 Logistic 回归方法，研究了技术搜索与企业重构过程中技术创新水平类型之间的关系。杨武和杨淼（2016）构建了区域科技创新波动与周期测度的工具和模型。Li 等（2019）基于广义三阶段 DEA 分析的新框架，研究分析了中国半导体产业企业创新效率。熊曦等（2019）拓展了传统的两阶段 DEA 模型，考虑了嵌套并联结构的两阶段网络 DEA 模型，将科技创新活动分为科技成果研发阶段和科技成果转化阶段，将科技成果转化阶段分为内部转化和外部转化两个并联子系统，以此进行了测度。张超等（2021）在使用超效率网络 SBM-Malmquist 模型评价黄河流域科技创新效率时把非期望产出纳入其中。魏巍等（2020）采用灰色关联度方法和耦合协调度模型测算 2013~2017 年我国部分省份（除西藏外）科技创新水平。揭晓蒙等（2020）利用熵权-TOPSIS 法测量我国 36 个涉海城市的海洋科技创新水平，并利用空间统计工具分析这些城市海洋科技创新水平的区域特征。

2.1.1.2　区域科技创新对经济社会的影响

区域科技创新对经济社会的影响是复杂的，相关研究主要聚焦于区域科技创新对经济增长的影响以及在这一过程中伴随的其他复杂的经济社会影响（欧阳峣和汤凌霄，2017；Bhimani 等，2019）。

科技创新对经济增长的影响效应直接反映在生产函数中（刘戈非和任保平，2020）。索罗（1776）研究发现，经济增长的决定性要素是技术进步而非资本积累。Romer（1986）通过研究发现，技术进步是经济增长的决定性因素。迈克尔·波特于 1990 年提出了创新驱动发展战略，阐明了创新对一个国家的经济发展具有重要的促进作用。

近年来，聚焦于实证检验，学者就区域科技创新对经济社会的影响进行了充分研究。例如，Scranton（2001）研究了二战后美国商业、政府和创新的四项主张以及对美国经济社会发展的影响。Kogan 等（2017）提出了一个衡量每项创新经济重要性的新方法，研究发现，技术创新在总体经济增长和全要素生产率中占有重要的中期波动地位。Azar 和 Ciabuschi（2017）研究发现，组织通过持续的技术创新，直接和间接地提高了出口绩效。Harrigan 等（2017）指出，技术创新具有协同效应，这种协同效应的速度和影响程度各不相同。Niosi 和 McKelvey（2018）研究发现，创新瀑布与工业相关，它对商业模式的数量和可持续性以及战略有重大影响，它们使未来更难以预测，也使得大量新的商业模式成为可能。Dezi 等（2018）通过实证分析发现，大学的角色正从教育提供者转向科学知识和技术生产者，企业向其他同行寻求知识时，它们将从与大学的研究伙伴关系和大学提供的服务中受益。Li（2018）将德国的"工业 4.0""中国制造 2025"进行了对比分析，研究发现，中国在高科技领域并不是最强大的参与者，不如美国、德国和日本等成熟的工业化国家都能有效地利用数字技术来创造新的工业环境，但中国在这方面呈上升趋势。Singh 等（2020）指出，基层技术创新被视为可持续发展的源泉，同时解决属于经济金字塔底层的地方问题和满足人民的需要。Henao-Garcia 和 Montoya（2021）分析了管理创新、营销创新、技术创新与从事科技创新活动的人员之间的关系。

国内较早开展区域科技创新经济社会影响相关研究的是吴明瑜，他于 1985 年曾指出"科学技术作为推动经济发展的巨大动力，已为大量的实践所证明"。陈晓芳等（2020）通过知识图谱，对国内创新驱动进行了研究，指出创新驱动的主题研究共经历了初步探索期、高速增长期与理性回归期三个阶段，研究方向主要包括创新驱动经济增长的动力机制、实现路径及影响机制三个方面。洪银兴（2011）指出，知识经济时代推动创新从技术创新向以重视效益与价值为重点的科技创新转变。胡婷婷和文道贵（2013）提出了创新驱动的概念，强调科技创新促进了经济增长效益的提升。辜胜阻（2013）指出，创新驱动不同于传统的要素驱动或投资驱动，其阶位相对高级。成思危（2010）指出，推动经济发展方式转变，有内生和外在两种动力，内生动力以创新为源头。唐未兵等（2014）的研究表明，由于技术引进依赖、创新的机会成本与逆向溢出等因素的影响，创新对经济增长方式转变的作用是不确定的。陶长琪和彭永樟（2018）研究发现，创新驱动对经济增长的促进作用在我国东部、中部和西部地区分别表现为加速效应、收敛效应和分化效应。陈曦（2013）强调了评价机制在创新驱动的重要作用。Liu和Xia（2018）研究认为，研发投入、技术创新和经济增长在我国目前没有建立良好的循环机制。华坚和胡金昕（2019）基于灰色关联分析，构建科技创新系统与经济高质量发展系统耦合协调度评价模型，对我国内地部分（除西藏外）省级地区的耦合协调度进行评价。Li 等（2020）通过研究论证，提出了一个新的理论框架来解释我国科学技术追赶过程的现象。姜玉梅等（2021）采用改进的TOPSIS法对 2009~2017 年我国区域科技创新驱动经济高质量发展的绩效进行了评价和排序。

当然，也有学者从区域科技创新对经济社会发展的负面影响进行研究，例如，Lydeka 和 Karaliute（2021）对 28 个欧盟国家 1992~2016 年的数据进行了实证分析，结果表明，在某些情况下，科技创新会导致失业。还有学者研究了科技创新对经济社会发展的不足之处，如 Zhao 等（2021）研究指出，科研投入没有发挥预期的积极作用，许多科研经费的使用缺乏市场导向，从而对绿色转型产生负面影响。

2.1.1.3　长江经济带科技创新

有学者近年来专门就长江经济带科技创新开展研究，其研究方向主要集中在长江经济带科技创新的时空差异、科技创新效率、高质量发展中的科技创新因素等。例如，李燕萍等（2016）创建了创新驱动发展模型，并以该模型为基础对长江经济带中游地区的创新驱动发展能力进行了综合评价。武晓静等（2017）研究了长江经济带城市科技创新水平差异的时空格局演变，发现长江经济带城市创新水平表现出非常显著的区域差异，且呈现出由渐进式集聚向缓慢扩散的发展趋势。吴传清等（2017）运用 DEA-Malmquist 指数和面板 Tobit 模型对长江经济带技术创新效率进行了测度及影响因素分析。刘钒和邓明亮（2017）基于 PCA-SE-DEA 组合模型，分别以全国和长江经济带为区域对象，对科技创新效率进行测度，重点对长江经济带的科技创新效率进行收敛性检验和影响因素分析。杨树旺等（2018）研究了长江经济带绿色创新效率的时空分异及其影响因素。李光龙和范贤贤（2019）分析了财政支出与科技创新对经济高质量发展的作用机理，采用固定效应模型及门槛模型实证分析了财政支出、科技创新及二者交互项对经济高质量发展的影响。汪琛和孙启贵（2020）运用灰色关联（GRA）和主成分分析法（PCA）对长三角科技创新绩效进行了测度。程广斌和杨春（2022）基于超效率 DEA-Tobit 对长江经济带测度两阶段科技创新效率及其影响因素进行分析，研究发现，政府支持、人力资本水平等指标对技术创新效率和经济产出效率有着不同方向的影响。

2.1.2 区域绿色经济效率测算及其影响因素研究

2.1.2.1 绿色发展测度评价

在绿色发展理论的基础上，国外许多学者开展了绿色发展指数的构建，鲍勃·霍尔等（2011）在对美国各州的环境状况进行评价时提出绿色发展指数。国内向书坚和郑瑞坤（2013）、李晓西等（2014）也较早地对国家的绿色发展指数进行测算。《2015 中国绿色发展指数报告——区域比较》中提出了绿色发展指数这一概念。马林（2004）、朱春红和马涛（2011）、李忠（2011）、李琳和楚紫穗（2015）、Sun 等（2018）、Yang 等（2019）、方应波（2021）等一批学者在构建区域绿色发展评价体系方面进行了研究和探索。

生态效率研究为绿色经济效率研究提供了很好的基础（Huang 和 Yang，2014；Hickel，2020）。Dyckhoff 和 Allen（2001）认为，生态效率是基于物质和能源平衡的运营绩效指标，数据包络分析方法在测度生态效率上有较好优势，之后不断得到发展和应用（Hoang 和 Alauddin，2012；De Queiroz 等，2013；Zameer 等，2020）。诸大建和邱寿丰（2006）指出，生态效率是经济社会发展的价值量即总量和资源环境消耗的实物量比值，循环经济的发展可以用生态效率指标来度量。杨斌（2009）、邓波等（2011）、张雪梅（2013）、成金华等（2014）、胡彪和付业腾（2016）、侯孟阳和姚顺波（2018）、于伟等（2021）等在生态效率方面尤其是对我国城市生态效率的现状进行了深入研究。Sun 等（2017）采用熵权 Topsis 法建立了评价模型，对绿色技术创新对战略性新兴产业生态经济效率的影响进行了评价。

2.1.2.2 区域绿色经济效率的测度评价

关于绿色经济效率的研究，Zhou 和 Wang（2008）最早开展能源效率测度，为我国开展绿色经济效率研究奠定了基础。杨龙和胡晓珍（2010）较早将引入污染产出指标的经济效率称为绿色经济效率。钱争鸣和刘晓晨（2013）阐述了绿色经济效率的内涵，并对我国绿色经济效率的区域差异与影响因素进行了分析研究。近年来，国内学者对绿色经济效率方面的研究呈上升趋势，其研究内容主要包括时空演变、影响因素、效率评价、溢出分析等诸多方面（Tao 等，2016；Zhuo 和 Deng，2020；Shuai 和 Fan，2020）。在研究对象上，学者大部分以国内总体或者某一区域为研究对象，例如，Zhou 等（2020）认为，经济发展水平、产业结构、开放度和气候条件对中国城市绿色经济效率产生了积极的推动作用。Liu 和 Dong（2021）发现，创新对中国城市绿色经济效率具有溢出作用。曹靖和张文忠（2020）以粤港澳大湾区为例，研究了不同时期城市创新投入对绿色经济效率的影响。孙金岭和朱沛宇（2019）对"一带一路"重点省份绿色经济效率进行了研究。

在绿色经济效率测度方面的研究方法方面，Charnes 等（1978）最早提及了数据包络分析法。近年来，DEA 相关模型、空间计量模型、生态足迹法、面板 Tobit 模型、SBM 模型等被学者广泛应用（Lin 等，2018）。例如，聂玉立和温湖炜（2015）运用 DEA 效率模型中非径向非角度的 SBM 模型测算了我国地级以上城市的绿色经济效率，并分析了城市绿色经济效率的区域性差异。班斓和袁晓玲（2016）在测算区域绿色经济效率时引入了非期望产出超效率 SBM 模型，在空间影响机制方面采用的时空间面板模型。王晓云等（2016）选用 DEA－BCC 和 DEA－Malmquist 模型，对我国 285 个地级及以上城市 2004～2012 年的绿色经济效率进行实证测度及时空分异的比较研究。周亮和车磊（2019）采用 SBM－Undesirable 模型、泰尔指数和空间马尔科夫链等方法，对 2005～2015 年我国城市绿色发展效率时空分异特征及其演变过程进行了测度与刻画。林伯强和谭睿鹏（2019）在超效率 DEA 框架下使用非径向方向距离函数，构建了能够评价我国地级及以上城市的绿色经济效率的指标。郭艳花等（2020）采用 Tobit 回归模型，以吉林省限制开发区为例，分析了产业集聚对绿色发展效率的影响机制。Shuai 和 Fan（2020）运用 Super-DEA 模型测算我国 2007~2018 年部分（除西藏外）省域的绿色经济效率及环境规制的影响。胡博伟等（2020）运用 SBM-Undesirable 和 Malmquist-Luenberger 模型，对我国北方干旱区 20 个资源型城市 2006~2016 年静态效率、动态效率进行测度。Wang 等（2022）采用 Super-SBM 模型、Malmquist-Luenberger 模型对我国省域、市域和城市群的绿色经济效率进行了测度。

2.1.2.3 绿色经济效率的影响因素

学界研究绿色经济效率与其他因素在经济活动中的影响关系，主要包括环境规制、产业集聚、政府政策、人均科研经费等方面。例如，王东和李金叶（2021）对人均科研经费投入强度、环境规制与区域绿色经济效率方面的关系进行了研究和论证。马彦瑞和刘强（2021）研究了工业集聚对绿色经济效率的作用机理与影响效应。Wu 等（2021）研究发现，外商直接投资是促进绿色经济效率提升的重要因素之一。袁华锡等（2019）研究了金融集聚对绿色发展效率的影响。何爱平和安梦天（2019）研究了地方政府竞争、环境规制与绿色发展效率的相互影响。盛科荣等（2021）通过实证分析，研究了网络权力、知识溢出对我国城市绿色经济效率的影响。Chen 等（2021）研究发现，多中心集聚与绿色全要素生产率间存在显著的倒"U"形关系。Dong 等（2021）以我国制造业与生产性服务业的融合为研究对象，研究了产业融合如何影响区域绿色发展效率。Yuan 等（2020）通过探究提出，要提高绿色经济效率，必须动态调整区域相关政策，消除制造业集聚带来的拥挤效应，通过产业结构转型升级实现制造业集聚的高质量发展。Zhuo 和 Deng（2020）研究了西部大开发战略对省级绿色经济效率的影响。Li 等（2021）研究了数字金融对城市绿色经济效率的影响，李涛等（2022）、李治国等（2022）分别研究了产业聚集对绿色经济效率的影响。

2.1.2.4 长江经济带绿色经济效率的测度分析

目前，研究长江经济带绿色经济效率的文献很少。Liu 等（2020）通过测算长江经济带 57 个城市绿色经济效率发现，2008～2012 年，长江经济带粗放型经济增长对自然资源的消耗和环境污染导致生态破坏严重，绿色经济效率明显下降；2013～2016 年，从粗放型向集约型发展的转变导致区域能效提升，大多数城市绿色经济效率显著提升。黄磊和吴传清（2021）研究发现，长江经济带绿色经济效率呈先升后降趋势，省际差异呈先缩小后扩大趋势，长江经济带绿色经济效率具有显著的空间自相关性，相邻省份的经济发展水平、对外开放度、环境污染治理对周边省份绿色经济效率具有正向促进作用。傅春等（2020）运用熵值法、DEA 模型和 Malmquist 指数模型测算了江西绿色发展效率以及全要素生产率变化指数，并进行分析验证。吴遵杰和巫南杰（2021）运用考虑非期望产出的超效率SBM 模型和 ML 指数对长江经济带 108 个地级城市 2005～2016 年绿色经济效率及其分解项进行测度，揭示其时空分布与演化特征，并采用 Tobit 模型探究影响长江经济带绿色经济效率的主要因素。

2.1.3 区域科技创新对绿色经济效率的影响研究

2.1.3.1 科技创新对绿色发展的影响

科技创新与绿色发展之间的关系层面存在三大演进观点：一是以新古典增长理论和熊彼特新增长理论为基础的创新是推动经济增长的重要力量（Solow，1957）；二是以"环境库兹涅茨曲线"（EKC 曲线）为争论点的经济增长与环境污染之间的动态关系（Grossman 和 Krueger，1995）；三是以"波特假说"为代表的环境规制政策推动技术创新实现经济绩效与环境绩效的双赢的讨论（Jaffe 等，1995）。

近年来，国内外学者围绕二者关系开展了大量的研究，例如，Popp（2003）研究了技术进步对环境经济效率的影响。Rennings（2000）认为，企业、政府、社会组织等创新主体进行的创新活动有利于环境保护和可持续发展。赵建军（2013）研究发现，技术发展与创新驱动是绿色发展的动力。Sun 等（2021）研究发现，知识溢出与各国的能源效率表现间存在着显著的正相关关系。Costantini 等（2017）研究发现，生态创新的直接和间接影响都有助于减轻环境压力，而且这些影响的强度在价值链上各不相同，取决于所采用的技术和所审查的污染物类型。Cornejo-Canamares 等（2021）研究发现，低物质消耗、低能耗、减少环境影响、遵守环境标准四个环境目标对组织创新和营销创新总体上有积极的影响。Murad 等（2019）通过研究建议丹麦采取保守的能源政策，利用技术创新和能源价格作为实现能源安全和保护环境免受污染的手段。邬晓燕（2014）认为，实现绿色发展必须从科技创新体制和绿色企业文化建设、政策变革与制度建设、公共政策伦理建设和消费文化建设等实践路径着手推进。Lin 和 Xia（2021）从创新价值链的角度探讨了大气污染对技术创新的影响机制和效应。Chen 和 Chen（2020）利用空间计量经济学模型，探讨了 1996～2018 年 96 个国家的技术创新对二氧化碳排放量的影响。Li 等（2020）认为，资源型产业的发展具有明显的负外部性，政府对资源型产业的环境规制将迫使资源型产业进行技术创新。Jiang 等（2020）探讨了自愿性环境管制在技术创新中的作用。此外，Chen 等（2021）围绕自然灾害对技术创新的影响进行了研究。

也有学者研究了科技创新与生态效率的相互影响，例如，Zhang 等（2017）研究指出，我国区域产业生态效率主要受环境调控、技术创新、经济发展水平和产业结构等因素的影响。Shen 等（2019）指出，不同类型的环境规制对不同产业的产业要素生产率产生了异质性的影响，环境规制的建立应避免统一采用静态标准和盲目增加规制强度。彭朝霞和吴玉锋（2017）对我国"生态—经济—科技"系统耦合协调发展评价及其差异性进行了研究分析。

2.1.3.2 科技创新对绿色经济效率的影响

目前，国内外直接就科技创新对绿色经济效率影响的研究很少，主要是在研究区域经济活动过程中发现、阐释二者关系（姜照华，2012）。例如，杨龙和胡晓珍（2010）将技术作为投入变量纳入模型，开展绿色经济效率测度。王军和耿建（2014）则从投入或产出角度将技术创新作为变量纳入模型。王晓云等（2016）研究发现，城市绿色经济效率不断提升的最主要原因是技术进步。余淑均等

（2017）基于 38 个城市的实证分析对环境规制模式与长江经济带绿色创新效率进行了研究。钱龙（2018）研究发现，创新对于提升绿色经济效率具有正向响应。胡安军等（2018）研究发现，高新技术产业集聚对绿色经济效率具有促进作用。Wang 等（2022）研究发现，功能型城市专业化和技术创新是推进多中心集聚、提高绿色经济效率的有效途径。

2.1.3.3 长江经济带科技创新与绿色经济效率的关系

目前，很少发现研究长江经济带科技创新与绿色经济效率关系的文献，但有学者基于区域内创新发展与绿色发展、科技创新与绿色发展、科技创新与绿色创新效率、技术创新与绿色发展、绿色技术创新与生态效率等的相互关系开展了研究（刘云强等，2018）。例如，任胜钢和袁宝龙（2016）认为，生态优先、绿色发展的战略定位需要依靠创新驱动，实现长江经济带发展的提质增速和发挥绿色创新示范作用。滕堂伟等（2019）聚焦长三角地区，通过研究发现，科技创新与绿色发展的耦合度及协调度指数整体上呈上升趋势，并对绿色创新效率格局分异及空间关联特征进行了研究。Liu 等（2019）以长江经济带 11 个地区 1998~2016 年的面板数据为基础，测试和分析了高新技术产业扩张对绿色发展的影响。Tian 等（2020）对长江经济带绿色创新的空间分析、耦合协调与效率评价进行了研究。Zhou 等（2021）指出，在长江经济带产业结构转型升级中，下游地区应加强科技创新，努力突破核心关键技术，主要建设清洁高效的绿色服务业。Hu 等（2021）研究指出，以长江经济带 108 个城市 2003~2017 年面板数据为基础，研究表明，技术创新对促进绿色发展具有显著的正向作用，呈现"U"形非线性关系。

2.1.4 简要评价

综上所述，国内外学者从多视角、多维度对区域科技创新测度评价、区域绿色经济效率测度评价、科技创新对绿色发展的影响等方面进行了大量的分析和探究，取得了丰富的研究成果。长江经济带是近年来学界研究的热点区域，国内外学者尤其是国内学者对长江经济带区域内的科技创新、绿色经济效率分别开展了研究。上述研究成果为开展长江经济带科技创新对绿色经济效率影响研究提供了良好的研究基础。但聚焦于长江经济带科技创新影响绿色经济效率的研究文献尚少，系统性的研究仍有待深入。

一是从理论上研究科技创新对绿色经济效率的影响还不够深入、系统。国内外学者从经济对环境的影响、科技创新对经济效率的影响、科技创新对环境的影响、科技创新对绿色发展的影响等多角度进行了深入研究和分析，为本书探究区域科技创新对绿色经济效率的影响提供了理论逻辑上的可行性，但区域科技创新和绿色经济效率是两个复杂的系统，科技创新通过什么渠道如何作用于绿色经济效率需要进行系统的理论分析。

二是聚焦于长江经济带这一区域研究科技创新对绿色经济效率影响的内容有待深化。长江经济带是近年来经济学、生态学、环境学等学科领域研究的重要区域，其绿色转型的理论与实践对中国的高质量发展具有重要战略意义。国内外学者通过构建不同模型，对不同国家和区域的绿色经济效率开展了研究，对长江经济带科技创新水平开展了大量研究，但关于长江经济带绿色经济效率的研究还处于起步阶段，相关文献偏少。从区域科技创新和绿色经济效率的测度的方法来看，学界采用了多种方法，但一般统计评价方法无法考虑区域间广泛存在的异质性和动态累积因素的影响。因此需要从理论上聚焦长江经济带的战略地位和流域经济带特点，运用综合考虑空间异质和动态累积因素的方法，科学评估长江经济带科技创新与绿色经济效率的发展水平及现状，系统分析长江经济带科技创新驱动绿色经济效率提升的难点、痛点和堵点，深化我国高质量发展的理论与实践。

三是关于科技创新政策引致的创新示范作用对区域绿色经济效率的影响研究有待进一步深化。科技创新政策是政府介入经济活动、推进区域高质量发展的重要抓手，现有研究尤其是聚焦在长江经济带科技创新政策影响的研究数量不多、不够深入。政策试点的效应评估方法具有独特优势，且纳入空间效应的政策评估方法能够纳入网络外部性，但鲜少有学者运用这一方法探究长江经济带科技创新的引致政策对绿色经济效率的影响。

2.2　相关概念界定

2.2.1　区域科技创新的基本内涵界定

2.2.1.1　科技的基本内涵

"科技"由科学和技术两部分组成。20 世纪 90 年代以前，科学与技术是两个不同概念。"科学"一词最早来源于拉丁语，最初指"学问"或"知识"，目前，不同学者对科学的定义不尽相同，但目前比较广泛认可的定义是：科学是各类物质、现象的普遍规律，是建立在可检验的解释和对客观事物的形式、组织等进行预测的有序的知识系统，是已系统化和公式化了的知识。

"技术"一词在我国古代和古希腊都有着个人技艺、手艺、本领的含义，其形式往往是操作程序、配方、方法等。随着时代的发展变迁，技术与科学的结合愈加紧密。当前，国际上比较通过的技术是世界知识产权组织 1977 年确定的："技术是制造一种产品的系统知识，所采用的一种工艺或提供的一项服务。"一般来说，技术的存在形式往往包括发明专利、实用新型以及对涉及方法、流程、程序或者技巧的特定活动的理解程度和熟练程度等。

科学往往以知识形态存在，其任务是通过回答"是什么"和"为什么"的问题，揭示世界的本质和内在规律。技术往往以物化形态存在，其任务是通过回答"做什么"和"怎么做"的问题，满足社会需要。因此，科学是技术的基础，技术是科学的延伸。随着科学与技术发展的日益融合，二者间的边界日益模糊。

2.2.1.2　创新的基本内涵

从经济学的视角看，国内外学者很早就对创新开展研究，追溯其研究的理论渊源，主要有两种不同的代表性观点：一是以创新概念的提出为基点，学者认为：约瑟夫·熊彼特在 1912 年最先使用"创新"一词并赋予其经济学意义，他提出了"创新理论"以及创新在经济发展中的作用，他认为创新是一种新的生产函数（约瑟夫·熊彼特，1990）。二是以创新理论的思想萌芽为基点，学者认为这一思想最早可以追溯至马克思的政治经济学说（王伯鲁，2017），马克思认为，在工业发展中，科技对财富通过生产过程的创造影响要比劳动高（李陈，2020）。马克思还认为，在推动、变革历史过程中，科学是一种决定性的力量。

由此可见，创新一开始就是一个经济管理领域的概念。华尔特·罗斯托（1962）提出"起飞"六阶段理论，对创新的内涵进行了拓展，"技术创新"应运而生。弗里曼（1987）认为，新产品、新过程、新系统和新服务首次商业性转化是技术创新的主要内容。彼得·德鲁克（2007）指出，通过创新实践，可以给予资源在生产活动中创造财富。厄特巴克（1990）认为，技术创新是技术的实际应用或首次应用。近年来，创新与科技的内涵日益融合，20世纪90年代以来，科技创新被理论界广泛使用。

2.2.1.3 科技创新的基本内涵

科技创新概念是我国在改革开放实践中提出的，并在20世纪90年代开始流行。从流行至今，科技创新一直是在理论界被广泛运用但对其内涵论述不够充分的概念。邵洁笙和吴江（2006）指出，科技创新是一个融合体概念，是充分体现科学与技术两个方面的创新，其中，科学创新是技术创新的基础，技术创新是科学创新在生产中的实际应用。根据钱学森开放的复杂巨系统理论，可以将科技创新分为三类：知识创新、技术创新和管理创新（宋刚，2009）。洪银兴（2011）认为，科技创新是以科学发现为源头的科技进步。仲梁等（2013）综合众多学者的相关研究，提出了科技创新的新的解释，即创新应用到企业或行业的生产，并在这个过程中收获利润、实现价值。方丰和唐龙（2014）在继承理论经济学"科学"和"技术"基本内涵的同时，指出科技创新呈现出将管理创新纳入科技创新的概念内涵、突出创新应用性用途、强调不同科技创新类型之间的协同演进的新内容。科技创新具有手段性和目的性双重价值，理论界需要正确认知科技创新活动所具备的双重性及其辩证关系（刘云强等，2020）。张来武（2018）通过梳理文献研究，提出科技创新是科学发现、技术发明与市场应用三螺旋结构共同演进的产物，体现其应用性和价值性。总体而言，理论界对于科技创新的概念尚未形成统一认识。

综合上述研究结论，可以发现，科技创新的概念来源于科学、技术、创新的互融与演化，并伴随经济社会发展实践而广泛流行，尽管其包含了无目的性的知识发现和有功利性的技术创新，但对于经济学领域的研究来说，需要考虑科技创新的经济属性，因此，本书将科技创新定义为：贯穿于经济活动中某一主体对原有知识、技术、管理的深化、改变或颠覆并参与生产过程的创造性过程。

2.2.1.4 区域科技创新的基本内涵

科技创新能力既可以针对一个主体进行测度，也可以将一个行业或者一个区域作为测度对象。弗里曼（1987）最早提出国家创新体系这一概念，梅特卡夫（1995）认为，将国家作为一个单位来分析可能范围太大了，应该考虑一组特色的、以技术为基础的体系，这成为区域创新的早期概述。库克（1996）认为，当一个区域内形成了政府、高校、科研院所、金融市场机构部门的频繁互动时，则存在一个区域创新体。这些理论为区域科技创新理念的产生奠定了基础。

尚勇（1998）较早提出了区域创新体系概念。关于区域科技创新的概念，一般被认为是国家科技创新的向下延伸和子系统，指这个区域有效整合科技资源，参与区域竞争和合作，提升区域创新能力和竞争力的过程及其所处现实状态（方旋等，2000）。区域科技创新水平可以看作是一种综合力，影响区域科技创新水平的资源要素很多，包括人力、资金、技术及信息等等（卢山，2007）。国内外学者近年来开始重新审视外源性创新和内生性创新在推动区域发展中的作用（尚勇敏和曾刚，2017）。

笔者认为，在明晰科技创新定义的基础上，加入空间意义上的考量，可以将区域科技创新定义为：在一定程度上反映了贯穿于经济活动中的原创性科学研究、技术创新和管理创新输出的因素在某一区域内汇集、梳理以及推动持续性发展的过程。区域科技创新的要素主要包括三个方面：该区域拥有的科技创新基础与环境、投入与供给和产出与扩散，具体包括该区域拥有的基础设施、市场环境、创业投资环境等，提供的人力资源、资金投入、政策供给等，产出的科研论文、发明专利、实用新型等。

整体看，基础与环境、投入与供给、产出与扩散跟区域科技创新存在着错综复杂的内在联系（见图2.1）。区域科技创新驱动区域经济高质量发展（高洪深，2019），区域科技创新基础与环境为区域科技创新投入与供给、产出与扩散提供平台和基础；区域科技创新投入与供给这一动态变化影响区域科技创新基础与环境、产出与扩散的状态，使其发生改变；区域科技创新产出与扩散则因其产出的结果效应会从预期和环境氛围的维度反作用于基础与环境、投入与供给。

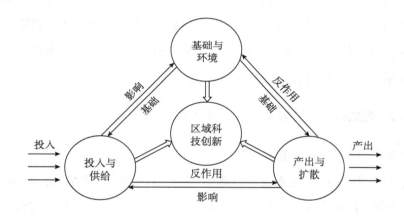

图2.1 体现区域科技创新的主要内容

资料来源：笔者绘制。

区域科技创新的主体主要是该区域内的政府、科研院所、企业、非政府组织、公民等。区域科技创新一般具有三个主要特征：

一是区域科技创新具有目的上的经济性。为便于研究，本书将区域科技创新定义为一个经济学概念，一定程度上衰减科学研究的无功利性特征，是相对狭义的概念，因此其必然具有经济属性，突出表现在其过程贯穿于经济活动中的各个环节、各个层面，其预期是提高区域经济效率，推动区域经济高质量发展。

二是区域科技创新具有结构上的系统性。区域科技创新是科技创新目标、要素和结果在区域聚集的一个合集，是一个全面的系统，包含政府、企业、科研院所、社会组织、公民等各类主体，涉及科技创新活动从投入到研发再到产出的全过程，体现在全产业价值链的各个环节，其基础与环境、投入与供给、产出与扩散相互关联并呈螺旋式推动区域经济发展。

三是区域科技创新具有时空上的差异性。区域科技创新伴随区域不同尺度层次划分而产生层次差异性，在不同尺度的区域，如不同流域、省域、城市群、地市域、县域等，其科技创新的主体、要素、外延均不同。从纵向上看，某一尺度区域科技创新是其上一个层次的一部分，同时是其下一个层次的全局，形成了全局与部分的层次差异转换。从横向上看，同一尺度下的不同区域，其基础与环境、投入与供给、产出与扩散具有很强的地域差异性，因此，其区域科技创新会产生较大差异。从时间纵贯看，不同时点其基础与环境、投入与供给、产出与扩散会因为活动过程的变化而产生变化和差异。

2.2.2 区域绿色经济效率的基本内涵界定

2.2.2.1 绿色发展的基本内涵

关于绿色发展的理论来源，其概念可以追溯到 19 世纪末，阿累尼乌斯（1896）预测，随着人类工业化进程的加速，大气中的二氧化碳浓度会随之上升。有一种观点认为，其理论来源于 20 世纪 60 年代博尔丁的宇宙飞船经济理论（郭夏，2010），以及戴利、皮尔斯等提出的稳态经济、绿色经济、生态经济等一系列论述（王毅，2010）。虽然在马克思、恩格斯的著作中不能直接找到"绿色发展"这个概念，但关于"绿色发展"的理念一直贯穿于他们的哲学思想，尤其是他们在论述人与自然关系的过程中，充分体现了人与自然密不可分，人类要尊重自然，与自然和谐发展的思想（张晓，2018）。亚当·斯密认为，人类经济活动与环境之间的关系是必然的（周文和朱富强，2010）。联合国开发计划署在《2002 年中国人类发展报告：绿色发展必选之路》中首次明确提出绿色发展概念（付伟，2017）。2008 年经济金融危机爆发后，绿色发展问题研究成为摆在全世界面前的重大课题。2012 年，"里约+20"会议重点就绿色发展模式进行了审议，并指出绿色发展理念涵盖了效率、规模、公平三方面主要内容（诸大建，2012）。

国内关于绿色发展，相对统一的认识是，绿色发展建立在可持续发展理论基础上，是一个包容了经济、社会、自然等方面的多系统概念。曾刚（2009）提出，基于生态文明的区域发展是立足于区域复合生态系统良性运行并优化，着眼于区域核心竞争力培育的区域发展模式。胡鞍钢和周绍杰（2014）提出绿色发展的三圈模型，指出经济系统、自然系统和社会系统三者共生共存，共同搭建起绿色发展的整体框架。佟贺丰等（2015）认为，绿色发展以人与自然的和谐作为终极目的，以实现经济、社会和自然的可持续发展作为发展目标，寻求经济效率、自然规模和社会公平三方面内容的不断改善。谷树忠和王兴杰（2016）认为，伴随全球资源经济、能源、环境问题复杂性的不断升级，清洁生产、循环经济、低碳经济及生态经济等理论已经难以应对当前困难，绿色发展理论成为引领当今时代世界经济活动的全新理论。梁本凡（2019）通过研究分析指出，中国绿色发展的制度需要以"三元"生命共同体理念为统领指导，大幅度调整现有规划中不合时宜的发展目标，进一步提高新制度内容设计的针对性、精准性与有效性。

2.2.2.2 区域绿色经济效率的基本内涵

效率一般指单位时间内完成的工作量或产生的价值。经济增长中的效率较早地随着经济学研究而产生，早在18世纪，亚当·斯密就提出了经济的效率问题，他认为提高经济效率是促进经济发展的一种途径。一般来说，经济效率指单位时间内所完成的某种经济工作的数量和质量。20世纪80年代，卡马耶夫将经济增长质量定义为经济增长的效率。在研究经济效率的基础上，无论是西方国家的工业化发展进程还是新中国成立以来的经济发展历程，都伴生了工业化和经济快速增长过程中的环境污染问题。《寂静的春天》的问世，人们环保意识大大增强，影响了经济学者对经济增长的研究，尤其是罗马俱乐部的《增长的极限》，推动了经济学家开展经济增长与环境保护的关系研究，有学者将环境方面的因素引入到经济效率的测度中。

绿色经济效率是一个比率指标，是在同时考虑一个国家或地区的资源投入、环境影响的基础上，采用比值来评价其经济效率（钱争鸣和刘晓晨，2013）。绿色经济效率充分体现了绿色发展理念，并把这种理念融入到经济效率的测度中，用来衡量单位投入成本与期望产出能力的指标（吴传清和周西一敏，2020）。绿色经济效率兼顾经济发展效率和生态环境保护，是一种蕴含新发展理念的经济发展测度指标，与高质量发展的现实需要高度契合。因此，区域绿色经济效率可以定义为：对某一区域融入绿色发展理念的经济效率进行评价，与区域绿色经济产出成正比，与人力、资本、土地、能源、技术等资源投入成反比，与废水、废气等环境产出成反比。

区域绿色经济效率主要从资源投入、环境产出、经济产出三个维度予以考量（见图2.2）。资源投入是经济产出的基础，为经济产出提供支撑，资源投入加速环境产出；经济产出消耗资源投入，胁迫环境产出；环境产出对经济产出产生约束，提取和消耗资源。资源投入主要包括人力、资本、土地、能源以及技术等方面的投入。考虑环境因素尤其是相关指标主要从二氧化碳、二氧化硫、COD 排放等选取，其测度有非参数分析和参数分析两种方法，其中，非参数方法采用较多的是数据包络分析法和超效率 SBM 模型，而参数分析法学者采用较多的是 SFA 模型。

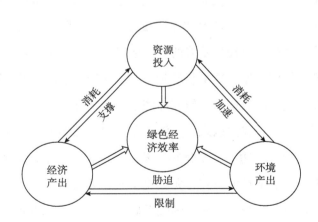

图 2.2　绿色经济效率包含的主要内容

资料来源：笔者绘制。

区域绿色经济效率追求更低的资源投入、更高的经济产出、更少的环境污染，其目标高度符合高质量发展的要求，是高质量发展的重要观测指标，主要具有三个方面的特征：

一是区域绿色经济效率在实践上具有持续的可优化性。区域绿色经济效率本质是发展意义上的经济效率，因此，理论上应该存在帕累托最优，但由于市场本身的不完备性和经济社会发展的持续进步，以及生态文明价值对经济发展的效率评价的持续变化，帕累托最优的理想状态几乎很难实现，因而我们认为绿色经济效率存在持续的可优化性。

二是区域绿色经济效率具有测度上的多维性。尽管理论界都认可绿色经济效率是融入了绿色发展理念的经济效率，但对其度量在很大程度上依赖于经济变量的选择，即如何表征绿色经济效率。由于度量测算角度并不唯一，往往会表现出多种维度。

三是区域绿色经济效率具有时空上的差异性。不同区域的绿色经济效率，因其经济发展水平不同，产业布局和人力、资金等方面投入水平存在差异，其结果必然产生差异。与此同时，同一区域在不同时点其经济发展阶段、资源投入水平、经济环境都会发生变化，形成时间上的动态性、差异性。

2.3 相关理论基础及其对本研究的主要启示

2.3.1 经济增长理论及其启示

经济增长理论基于影响经济增长的制约因素开展经济增长的研究，先后经历了三个阶段。在古典经济增长理论阶段，以亚当·斯密、大卫·李嘉图等为代表，他们研究指出，经济增长的主要驱动力是资本、资源以及劳动力。例如，亚当·斯密认为劳动力和劳动效率均是经济增长的主要途径；大卫·李嘉图认为，除了劳动和资本的作用，技术进步等也会促进经济增长；阿尔弗雷德提出经济增长函数，指出影响经济效率的要素主要包括资本、劳动力、自然资源和技术等。在新古典经济增长理论和新经济增长理论阶段，学者将人力资本和技术进步因素对经济发展中的积极作用上升到新的高度。例如，丹尼森认为，在推进经济增长的过程中，技术进步的影响程度越来越强于资本的投入和劳动力的投入；阿格赫恩等研究指出，科学技术进步是经济增长的重要推动力，具有引擎作用。

由此可见，经济增长理论将资本、劳动力尤其是技术进步作为促进经济增长的主要因素，这一理论观点为区域绿色经济效率中将资本、劳动力等因素作为资源投入提供了理论基础。与此同时，经济增长理论中关于技术进步对经济影响的研究为开展科技创新与经济效率的关系研究提供了理论依据。

2.3.2 绿色增长理论及其启示

绿色增长是在可持续发展的框架下提出的。可持续发展主要指"既满足当代人的需要，又不对后代人满足其需要的能力构成危害的发展"。可持续发展思想于20世纪90年代初期成为全球共识。可持续发展的核心思想是经济增长、保护资源与保护环境，让后代享受充分的资源与良好的生态环境，主要包括三个子系统：经济、社会和生态环境。理论界对三个子系统的关系存在三种不同的认识：一是并列关系，崇尚追求经济、社会和生态环境的共同发展；二是交错关系，认为上述三个子系统既有独立存在的区域，又存在两两交叉重叠以及三者同时重叠的区域，其重叠区域应成为关注焦点；三是包含关系，认为生态环境子系统包含社会子系统，经济子系统包含于社会子系统，这种包含关系受制于物质增长规模和资源环境承载力。

"绿色增长"是一种同时注重经济增长和环境保护的增长方式。这种增长方式强调在追求经济发展的过程中，要防止生态环境恶化，在此基础上，注重社会公众消费方式的改变，生产企业生产模式的变革，关注人类身体健康状况的改善、社会就业问题的解决以及资源分配方式的优化等，最终实现可持续的增长。作为可持续范式之一，绿色增长被普遍视作一个更能摆脱经济停滞的途径而受到理论界和超国家组织的广泛关注，然而它仍是一个较新的概念，有待理论界和实务界进行进一步研究。

由此可见，绿色增长理论追求经济效率和生态环境的协调共进，体现了绿色经济的发展思想，这一思想为绿色经济效率将生态文明理念融入经济效率的评价过程，并从资源、环境、经济三个维度予以考量和测度奠定了理论基础。

2.3.3 投入产出理论及其启示

投入产出理论由瓦西里·列昂惕夫在 1936 年首次提出。在该理论中，投入产出分析包括投入产出表、投入产出模型和投入产出分析的应用三个方面。投入产出理论指出，各类经济活动均可以用数学公式或数学模型表示与衡量投入与产出的关系，这种关系在一定条件下可以实现均衡。在投入产出分析中，原料、燃料、劳动等消耗早期被广泛作为投入要素，货物或服务普遍被认为是产出。伴随这一理论的丰富和完善，环境污染、人口要素等逐渐被广泛运用到这一理论，资本、技术等逐渐作为投入要素。总而言之，投入产出理论重点分析了产品之所以产生是消耗了哪些要素以及这些要素之间是什么数量关系的问题。

由此可见，投入产出理论在于研究投入和产出关系，为绿色经济效率从经济产出、环境产出与资源投入三个维度去建立模型测度提供了理论依据和思路借鉴。与此同时，投入产出理论在投入方面选择劳动力、资本、技术、资源等生产要素，为科技创新投入、绿色经济效率的投入指标选取提供了理论依据。

2.3.4 习近平生态文明思想及关于科技创新重要论述的启示

2017 年 12 月，中央经济工作会议提出了习近平新时代中国特色社会主义经济思想（刘伟，2018），其中，习近平新时代中国特色社会主义经济思想、习近平生态文明思想以及习近平关于科技创新的重要论述是习近平新时代中国特色社会主义思想的重要组成部分。

习近平生态文明思想是基于人与自然之间的认识、价值和实践关系，建构了一套内涵丰富、逻辑严密、系统完整的世界观、价值观、方法论的逻辑体系，是习近平新时代中国特色社会主义思想的重要组成部分，其内涵主要体现在以"人与自然和谐共生"为本质要求、以"绿水青山就是金山银山"为基本内核、以"良好生态环境是最普惠民生福祉"为宗旨精神、以"山水林田湖草是生命共同体"为系统思想、以"最严格制度最严密法治保护生态环境"为重要抓手、以"共谋全球生态文明建设"彰显大国担当。其方法论强调要正确处理环境与发展、发展理念与制度建设、治标与治本、总体谋划与久久为功、重点突破与系统治理、自主贡献与共同行动的关系（赵细康和何满雄，2022）。

党的十八大以来，习近平总书记就科技创新问题发表了一系列重要讲话，提出了一系列新思想、新论断。习近平关于科技创新的重要论述深刻阐述了树立创新发展理念、坚持创新是引领发展的第一动力、实施创新驱动发展战略、加强科技创新的重大意义，提出坚定不移走中国特色自主创新道路、加快科技体制改革步伐、牢牢把握科技进步大方向、牢牢把握产业革命大趋势、牢牢把握集聚人才大举措等内容（习近平，2021）。

由此可见，习近平生态文明思想是对马克思主义生态文明观的创新与发展，是中国特色社会主义理论体系的丰富和完善，是对绿色经济理论的补充。其中，"两山理论"注重经济社会发展与生态环境的相得益彰、相互促进，为区域绿色经济效率从资源、环境、经济三个维度进行投入产出的度量提供了思想指导。习近平关于科技创新的重要论述中，强调坚持以科技创新推动经济绿色发展，为本书开展科技创新对绿色经济效率的影响提供了思想指导。

2.4 区域科技创新影响绿色经济效率的作用机理

区域科技创新影响绿色经济效率是一个渐进的复杂系统过程，既会基于科技创新的作用渠道从微观企业—中观产业—宏观经济产生影响，也会在区域层面由于空间关联和技术溢出等产生直接影响—间接影响。

2.4.1 基于微观企业—中观产业—宏观经济的分析逻辑

承接前文概念界定中知识创造到区域创新资源整合的科技创新内涵，本部分从基于微观企业—中观产业—宏观经济的分析逻辑，探讨区域科技创新影响绿色经济效率的作用机制。

2.4.1.1 微观企业层面的作用机制

企业是区域经济发展的重要组成部分。从企业的微观视角看，科技创新体现为企业用于创造新知识、改进技术工艺的一系列支出与活动（洪银兴，2011）。企业在市场竞争中自身发展往往客观存在科技创新这一需求，技术创新是企业的生存基础和发展的必然要求，企业唯有在不断变化的市场环境中持续创新，才能在激烈的竞争中立于不败之地（陈晓红和马鸿烈，2012）。大量学者研究证明，科技创新对企业的竞争力、可持续发展具有积极作用，其主要通过微观技术效应体现（刘艳玲，2019）。微观技术效应指技术创新通过提高资源利用效率、重新组合生产要素以及发展绿色技术实现对绿色经济效率的提升。科技创新有助于提高企业的资源利用效率，降低能源和成本。能源是企业尤其是工业企业的生产动力，从企业能源使用角度，科技创新是推动能源革命的核心力量，通过科技创新开发使用新能源，有助于提高企业的资源利用效率，降低资源成本，减少资源浪费。值得注意的是，科技创新带来的能源革命，并非能带来企业污染以及碳排放的降低。例如，从传统风能、水能到煤炭资源、石化资源的更新迭代过程就不是降低而是增加了生态环境压力，并在实践中造成了大量污染。因此，只有通过科技创新推动绿色清洁能源的使用，才能提升企业的绿色经济效率。另外，通过科技创新可以优化生产要素的配置，提高生产要素边际产出水平，助力要素高阶化，改进甚至重构企业的生产工艺和生产流程，或推动循环利用，降低资源消耗、降低生产成本、提高生产效率。例如，通过科技创新，实现自动化、智能化，有助于降低劳动力成本。科技创新可以提高企业产品质量，提升产品附加值，从而提升单位生产价值，提升企业生产效率。

在测度绿色经济效率时，投入与绿色经济效率成反比，因此，从投入的视角看，其对绿色经济效率的提高可以起反向作用。一些本身科技含量不高的公司或企业，有可能因无法转化为企业收益，从而导致其研发投资错配（Ortega，2010），当其科技产出和使用并未给企业经济效益带来提升时，其必然会降低绿色经济效率。与此同时，如果科技创新一味注重生产效率而忽视环境污染，可能导致污染的加剧，无法抵消经济效益的增加，从而损失区域绿色经济效率。

2.4.1.2　中观产业层面的作用机制

产业是某一类行业企业的合集，在这个合集内，科技创新往往从微观企业开始。在某一产业中的企业通过科技创新，降低生产成本或提升单位产品价值，提升生产效率，则有利于其市场竞争力的增强，促进经济效益的提高，增强规模扩展动力，推动形成规模效应。在这种竞争环境中，同类产品企业可能会通过模仿、引用新技术提高生产效率来适应新的市场竞争。上述过程有利于促进产业技术体系创新，从而提高整个行业生产效率，助力产业结构向更加合理方向演进，实现产业结构高级化（任保平和李禹墨，2018）。对于行业内在新技术、新工艺冲击下不能适应竞争的企业，可能随时间推移而逐步被淘汰。与此同时，产业结构升级与科技创新二者互为条件，加强科技创新有利于促使产业结构调整和升级（周叔莲，2001）。提高绿色经济效率的一个重要途径是产业转型升级（刘耀彬等，2017）。产业内上下游相关企业因在业务对接中需要在产品形态、技术参数等方面适应、调整，促进其优化工艺等，从而形成一个产业的结构变化与转型升级。这种结构变化和转型升级，会大大提升所在产业的生产效率，同时可能实现产业节约资源、降低污染、提高效益，从而提升该区域的绿色经济效率。

同样，对于某一产业来说，其在科技创新的投入也可能对绿色经济效率的提高起反向作用，尤其是一些产业在科技创新方面的投入并未真正从提高经济产出、降低资源使用和环境污染角度出发，或者经济产出的增量无法抵消资源使用和环境污染的产出增量，可能导致损失区域绿色经济效率。

2.4.1.3　宏观经济层面的作用机制

从宏观经济层面看，科技创新对绿色经济效率具有促进作用，尤其是科技创新在历史上推动了 2 次工业革命和 1 次科技革命，不仅大大提升了生产效率，同时对经济社会生产方式也带来了巨大变革。在上述几次变革中，社会生产力大幅提高，经济效率同时得到大幅提升。在宏观经济层面，除企业以外，政府、科研院所、公民均可以参与科技创新，各类主体研究产生的新理论新技术，尤其是颠覆性技术，有助于产生全新业态、全新产品和服务，促使消费者需求发生变化，从而迫使产业行业的变迁、升级与削减，加快产业周期更迭，推动生产要素向更高效率的流动和配置，推动经济效率的整体提升。与此同时，从降低环境污染产出的视角看，科技创新还通过新理论、新技术直接作用于生态环境修复，如大气、土壤、河流、湖泊、山体等，形成绿色创新技术，孵化产生绿色产业或推动现有产业结构绿色化、低碳化，改善国家或区域的生态环境，助力国家或地区的绿色发展，提高区域绿色经济效率。此外，科技创新伴生的科普行为，有助于提高市民的生态环境保护意识和行动能力，引导广大市民树立绿色、智能消费理念，转变消费方式，对于降低区域社会资源消耗，整体提升区域绿色经济效率具有一定促进作用。

同样，从宏观经济视角看，科技创新投入的增加可能会对绿色经济效率产生负向影响，尤其是科技创新方面的投入并未真正提高经济产出，降低资源使用和环境污染时，可能导致损失绿色经济效率。

综上所示，科技创新通过微观企业、中观产业和宏观经济三个层面影响绿色经济效率，如图2.3所示。

2.4.2　基于直接影响—间接影响的分析逻辑

本节重点分析区域科技创新对绿色经济效率的直接影响、间接影响及其空间影响，为后文科技创新对区域绿色经济效率影响效应的实证检验奠定基础。

2.4.2.1　直接影响机制

科技创新可能通过要素配置直接影响单位生产效率，促进区域绿色经济效率提升，具体包括三个路径：

第一，知识和技术溢出。一是科技创新往往推动新知识和新技术的产生，这种新知识、新技术首先带来的知识溢出效应，有利于促使企业生产人员接触、学

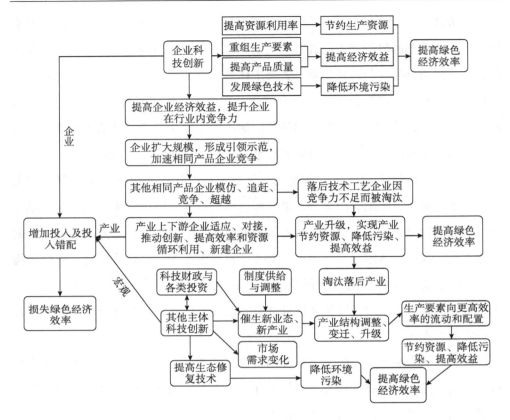

图 2.3 基于微观企业—中观产业—宏观经济的分析逻辑示意图

资料来源：笔者绘制。

习和尝试实践新知识、新技术，从而提高生产人员劳动素质，通过劳动力要素水平的提升，提高绿色经济效率。二是知识技术溢出的过程，往往都会促进新知识、新技术在产业间、行业间、地区间流动、扩散和交融，实现一个产业的创新影响、提升甚至颠覆另一个产业的生产模式，通过横向间的流动和扩散提升区域绿色经济效率。三是通过信息溢出降低市场运行的信息成本，提高整个区域经济运行效率，与此同时，信息化过程会逐渐冲击、改变企业生产方式，提高单位投入的经济产出，促进区域绿色经济效率提升。

第二，规模效应与节能技术进步。一是开展科技创新的单位（企业、行业或区域）有利于形成技术优势，在市场上对其他单位形成"降维"打击，这些单位在利润与投资回报得到提升的情况下，通过加大生产投入和拓展消费市场而不断扩大规模，形成规模效应，实现区域要素配置优化，提升区域绿色经济效率；与此同时，技术优势带来的竞争优势，也会导致其他单位的模仿和跟进，或者形成强强联合，进一步扩大规模，不断拓展生产要素变革范围，提升更大范围的绿色经济效率提升。二是科技创新必然包括绿色减排技术、生态修复技术方面的技术进步，这些技术的运用、推广以及企业在管理过程中通过生产要素的持续优化，形成更高效率的节能减排和更少环境的产出，从而提高区域绿色经济效率。

第三，集约化。集约化是相对于传统粗放型生产方式而言的，其较粗放型生产方式更加注重科技创新的作用发挥，更加注重资源要素的高效组合与生产要素的高级化。因此，区域科技创新可以推动集约化，提高科技创新要素投入，降低其他要素投入或增加单位要素产出，从而提高区域绿色经济效率。主要从两个方面进行：一是单要素的高效化，科技创新通过改进生产工艺，提高单位投入产出，或减少单位产品的资源消耗，降低资源能源浪费，从而提高经济效率；二是要素结构优化，通过科技创新，推动生产要素配置的结构优化，以提高科技创新投入而降低其他要素投入，如通过推动单位管理创新，促进单位人员结构优化、精简单位人员，降低单位产品人力投入，提高绿色经济效率。

另外，由于科技创新结果的不可预计性，同时受外部因素干扰，在科技创新的实践中可能出现要素资源无法得到合理配置、低效率部门过度供给、高效率部门供给不足的现象，进而偏离帕累托最优状态，增加成本。例如，人力资源、资金以及政策供给的错配，可能导致绿色经济效率的损失。

2.4.2.2 间接影响机制

科技创新可能通过产业结构优化影响生产方式、经济结构和资源循环利用，提升区域绿色经济效率。

第一，生产方式改变。科技创新有利于生产方式转变，通过要素配置直接提升区域绿色经济效率。生产方式变革有助于推动产业结构优化，而与此同时，科技创新推动的产业结构调整，也有可能推动生产方式变革，从而间接提升区域绿色经济效率。通过科技创新淘汰落后生产工艺和落后产能，优化区域整体生产方式，提升区域生产要素质量，实现区域生产方式从劳动密集型向科学技术密集型转变，是推动区域生产方式变革的主要途径。此外，通过科技创新，为产业发展搭建新的链接渠道，强化产业之间的关联水平，也有利于推动区域生产方式变革，提高单位投入的经济产出，提升区域绿色经济效率。

第二，能源资源节约。科技创新推动的产业结构优化，有利于区域新旧动能转化，淘汰区域高能耗、高污染的产业和企业，新增区域高效、低碳、节能行业企业，加大区域开发和利用各类新能源、新技术和新工艺力度，推动区域行业企业改造传统装备设备，助力区域产业整体的清洁化、节能化以及能源消耗的高效化，减少污染排放，降低单位产品能源投入，实现区域单位环境产出的降低，提升区域绿色经济效率。

第三，资源循环利用。科技创新推动产业结构优化，有利于提高区域产业集中度，加强企业和产业间业务关联，助力区域生态园区建设，推动区域循环经济发展，带动环保企业和环保产业发展，推动各类污染物的综合再利用以及生产物质、能量、资源的循环使用，提高区域的资源能源利用效率，降低区域单位产品污染物排放量，从而降低区域环境产出，提升区域绿色经济效率。

与此同时，受外部环境影响，市场调节失灵以及政府产业规划不合理的可能性，导致科技资源错配与产业错配，在没有提升经济产出的情况下，提高区域投入，可能导致损失区域绿色经济效率。

除研究区域科技创新对绿色经济效率的影响机理外，在研究过程中，还需考虑空间差异的影响。区域资源禀赋、经济发展水平、制度政策供给、区域生态环境承载力等的差异不仅客观存在，而且给区域的科技创新水平带来差异，并通过直接、间接两种途径影响绿色经济效率。按照不同尺度，空间具有多层含义，其差异往往包括洲际差异、国家差异、流域差异、省域差异、市域差异以及县域差异等，本书主要关注流域尺度的空间差异和城市尺度空间差异。

综上所述，不同区域的空间差异背景下，科技创新通过直接影响、间接影响两个路径影响绿色经济效率，如图 2.4 所示。

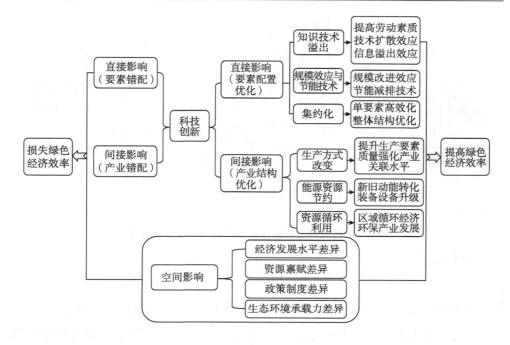

图 2.4 基于直接影响—间接影响的分析逻辑示意图

资料来源：笔者绘制。

2.4.3 基本概念模型的构建与分析

区域科技创新主要通过基础与环境、投入与供给、产出与扩散三个维度体现，区域绿色经济效率主要通过资源投入、经济产出和环境产出三个维度体现，基于微观企业—中观产业—宏观经济和直接影响—间接影响的分析逻辑，可以得出：区域科技创新对绿色经济学效率的影响，主要在于通过科技创新改变资源利用率、重组生产要素、改变经济效益、发展绿色技术、调整能源结构和调整产业结构等，以改变区域资源投入、经济产出和环境产出，从而影响绿色经济效率（见图 2.5），在这个过程中，存在时空差异，实现路径错综复杂。

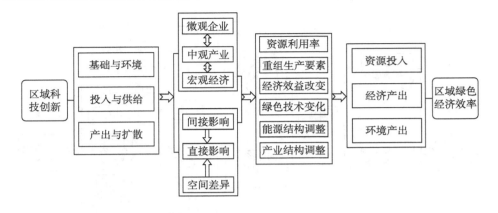

图 2.5 区域科技创新影响绿色经济基本概念模型

资料来源：笔者绘制。

从区域科技创新对绿色经济效率的影响结果看，主要存在三种可能：

一是区域科技创新对绿色经济效率存在正向影响。主要通过提高资源利用率、提高经济效益、产业结构优化、发展绿色技术等，实现提高资源投入效率、增加经济产出、降低环境产出，从而提高区域绿色经济效率，产生正向影响。

二是区域科技创新对绿色经济效率存在负向影响。主要因为可能存在外部环境影响、科技创新结果不可预见性、市场失灵以及政府不合理产业规划等因素，导致区域资源投入增加，而其新增产出低于新增投入预期、无新增产出甚至降低产出，从而损失甚至降低绿色经济效率，产生负向影响。

三是区域科技创新对绿色经济效率影响不显著。一方面，区域科技创新对区域绿色经济效率的上述两种影响在实践中因各种因素可能并未发挥作用，从而导致影响不显著；另一方面，可能正向影响与负向影响交织，在区域实践中予以相互抵消，从而导致统计结果不显著。

上述三种可能并非一成不变，随着时间推移与空间的变化，三种可能的结果会发生转化，同一地区在不同时点，因为外部因素的变化，导致区域科技创新对绿色经济效率的影响结果发生变化；同一时点，因为空间影响机制发生作用，导致不同区域科技创新对绿色经济效率的影响结果产生差异。因此，在研究区域科技创新对绿色经济效率的影响机理过程中，需要充分关注其时空差异，其差异的体现可能为区域开展更有效率的科技创新实践带来启示。

鉴于上述理论分析及其可能存在的三种影响结果，本书将分别从基础与环境、投入与供给、产出与扩散三个方面设计区域科技创新指标，从资源投入、经济产出、环境产出三个方面设计区域绿色经济效率指标，分析长江经济带科技创新与绿色经济效率的总体情况与时空差异，重点识别区域内科技创新与绿色经济效率的因果关系，进而分析区域内科技创新对绿色经济效率的影响效应，开展区域内科技创新影响绿色经济效率的空间计量分析。

2.5　本章小结

科技创新的概念来源于科学、技术、创新的互融与演化，本章通过分析，将科技创新定义为：贯穿于经济活动中某一主体对原有知识、技术、管理的深化、改变或颠覆并参与生产过程的创造性过程。在科技创新的基础上，提出了区域科技创新的概念，将其定义为：在一定程度上反映了贯穿于经济活动中的原创性科学研究、技术创新和管理创新输出的因素在某一区域内汇集、梳理以及推动持续性发展的过程。区域科技创新的要素主要包括三个方面：该区域拥有的科技创新基础与环境、投入与供给和产出与扩散，具有目的上的经济性、结构上的系统性、时空上的差异性三个重要特点。区域绿色经济效率可以定义为：对某一区域融入绿色发展理念的经济效率评价指标，与区域绿色经济产出成正比，与人力、资本、土地、能源、技术等资源投入成反比，与废水、废气等环境产出成反比。区域绿色经济效率主要从资源、环境、经济三个维度予以考量，在实践上具有持续的可优化性、具有测度上的多维性、具有时空上的差异性三个主要特征。

经济增长理论、绿色经济增长理论、投入产出理论以及习近平生态文明思想和习近平关于科技创新重要论述为本书研究提供了理论基础和思想指导。区域科技创新对绿色经济效率的影响，可以分别基于微观企业—中观产业—宏观经济、直接影响—间接影响的逻辑进行分析。从企业层面看，主要通过科技创新，重组生产要素、提高资源利用效率和产品质量、发展绿色技术提升；从产业层面看，主要通过科技创新，形成产业内以生产效率为依据的企业的优胜劣汰，实现产业升级，以提升整个产业单位产品资源消耗和经济效率，助力绿色经济效率提升；从宏观经济层面看，主要通过科技创新，推动产业的迁移和产业结构优化调整，引导和改变消费需要等，提升整体经济学系统的绿色经济效率。从直接影响看，主要包括知识技术溢出、技术进步与规模改进、集约化体现；从间接影响看，主要包括生产方式改变、结构优化、资源循环利用体现。区域资源禀赋、经济发展水平、制度政策、区域生态环境承载力等方面形成的空间差异通过直接、间接两种途径影响绿色经济效率。从区域科技创新对绿色经济效率的影响结果看，主要存在三种可能：正向影响、负向影响、影响不显著。三种可能并非一成不变，在研究区域科技创新对绿色经济效率的影响机理过程中，需要充分关注其时空差异。

3 长江经济带科技创新水平
评价及其时空演变规律

长江经济带是国家部署以创新发展与绿色发展为核心高质量发展的先行区、示范区，基于第 2 章中区域科技创新的内涵、特征与三方面要素，本章主要构建长江经济带科技创新①水平的指标体系，建立评价模型，并对其科技创新水平动态演变规律和空间分异特征进行深入分析。

3.1 区域科技创新水平综合评价指标体系的构建

3.1.1 指标遴选的原则

3.1.1.1 统一性原则

对长江经济带科技创新的各类指标选取上，采用同一套指标体系，既有利于横向比较，体现区域差异，又有利于从纵向角度进行历史分析，研究区域内的历史动态特征。

---

① 对应前文的区域科技创新，即长江经济带（区域）科技创新水平评价，但考虑到长江经济带整体上也是一个区域单元，为了表达上的顺畅，省略"区域"二字。

3.1.1.2 全面性原则

指标选取旨在能全面充分反映长江经济带科技创新基础与环境、投入与供给、产出与扩散的三个方面，既有投入过程的指标，也有产出结果的指标，能够系统反映科技创新主体和要素在科技创新过程中的功能和作用。

3.1.1.3 科学性原则

选择可计量的统计数据表征科技创新的各层级指标，并且在指标选择中既纳入总量指标，又兼顾相对指标。这样既能兼顾科技创新指标规模优势和结构差异，又客观体现了数据本身的特点，能保证最终评价结果的科学性。

3.1.1.4 权威性原则

以官方公开发行或出版的数据作为指标体系的数据来源，确保数据选取的权威性、连续性和可验证性。

3.1.2 指标体系的构建

本书从"科技创新基础与环境""科技创新投入与供给""科技创新产出与扩散"三个层面构建区域科技创新水平评价体系，如表3.1所示。

表3.1 区域科技创新水平评价指标构建

指标层级	变量名称	变量符号	含义
基础与环境	新建企业	company	科技活动展开的重要主体
	创业投资资金	vcpe	创业主体资金投入
投入与供给	投资	invsetment	各主体对科技活动的财力支持力度
	财政科技支出	technology	财政预算安排用于科技活动的资金
产出与扩散	发明专利	invention	对产品、方法或者其改进所提出的新的技术专利
	实用专利	utility	对产品的形状、构造或者其组合所提出的实用新型专利
	外观设计	design	对产品的形状、图案或者其组合以及色彩与形状、图案的组合所做出的富有美感并适用于工业应用的新专利设计
	商标	brand	商品具有显著特征的标志

（1）区域科技创新基础与环境：指地区科技创新发展的现有基础条件和开展创新活动所依赖的外部环境，新建企业、创业投资资金这两个指标是对地区科

技创新发展的现有基础条件和外部环境的重要结果显现，体现了地区科技创新基础状况和营商环境状况，反映了地方政府激励和引导企业开展研发活动的宏观环境，成为许多地方政府增强区域科技创新竞争优势的重要战略手段。因此，本章选取新建企业数量和创业投资资金反映这一情况。

（2）区域科技创新投入与供给：科技创新的资源投入是影响区域科技创新水平的关键因素（李政和杨思莹，2018），包括各主体对科技活动的财力支持力度、地区科技投入强度、科技研发活动人力投入程度等方面。本章使用各主体对科技活动的财力支持力度综合得分衡量科技创新投入，其中主要包括全社会R&D投入经费占GDP比重（研发强度）以及高校和科研机构的R&D经费支出（基础研究努力程度）。一个主要投入是地方财政科技支出，它是衡量地区综合经济实力对科技创新支持最重要的指标之一，反映了地方政府激励和引导企业开展研发活动投入水平。

（3）区域科技创新产出与扩散：指科技创新投入所得到的创新产出，是科技创新驱动以实现市场价值的基础。选取发明专利、实用专利和外观设计三种主要的专利类型和商标表示，因为科技创新成果一经形成，一般都会通过申请专利或者注册商标实现发明者和创造者对其创新成果的占有权，有利于实现科技成果按贡献分配的机制，也有利于营造社会创新氛围。而技术溢出是科技创新的一般属性。

3.1.3 评价方法与数据来源及处理

3.1.3.1 评价方法

为了科学评价长江经济带区域科技创新水平，运用逼近理想解排序（Technique for Order Preference by Similarity to Ideal Solution，TOPSIS）方法构建综合评价指数。TOPSIS由Hwang和Yoon在1981年提出，由于其计算过程简单灵活、计算结果具有可比性等优点被广泛运用（孙涵等，2018；温丽琴等，2019；任亮等，2019）。但是，面板数据兼具截面数据和时间序列数据的特点，传统TOPSIS的静态分析模式不再适用，需要建立动态指标加权矩阵对评价单元的时空变化整体特征进行精细描述与分析，即将时间权重加入比较增量因素的被评价动态指标矩阵中。这样既保证了评价单元能与其他评价单元进行比较，又保证了其能与自身过去和未来进行比较，有利于对评价单元进行全面系统分析。

TOPSIS 动态评价模型构建如下：

$$x_{ij}^*(t_k) = \alpha x'_{ij} \cdot (t_k) + (1-\alpha) x''_{ij} \cdot (t_k), \quad k=1, 2, \cdots, N, \quad 0 \leq \alpha \leq 1 \qquad (3.1)$$

$$x'_{ij}(t_k) = c + \frac{x_{ij}(t_k) - \min_i\{x_{ij}(t_k)\}}{\max_i\{x_{ij}(t_k)\} - \min_i\{x_{ij}(t_k)\}} \times d \qquad (3.2)$$

$$x''_{ij}(t_k) = c + \frac{\Delta x_{ij}^c(t_k) - \min_{i,k}\{\Delta x_{ij}^c(t_k)\}}{\max_i\{\Delta x_{ij}^c(t_k)\} - \min_{i,k}\{\Delta x_{ij}^c(t_k)\}} \times d \qquad (3.3)$$

式中，$x_{ij}^*(t_k)$ 为评价单位在 k 时刻的指数值，在本书中就是长江经济带某地级市在某一年的科技创新水平；$\Delta x_{ij}^c(t_k) = x_{ij}(t_k) - x_{ij}(t_c)$，$t_c(c=1, 2, \cdots, N)$ 为既定的标准序列时间点；$x'_{ij}(t_k)$ 代表运用层次分析法无量纲化处理的可静态比较的评价单元的指数值；$x''_{ij}(t_k)$ 为通过运用加入时间权重矩阵时序数据表进行无量纲处理的动态增量信息；α 为主观设定的功效系数，能够兼顾静态无量纲化与动态无量纲化处理的协调性。

3.1.3.2 数据来源及说明

本书考察对象为我国长江经济带 11 个省市（上海、江苏、浙江、安徽、江西、湖北、湖南、重庆、四川、云南、贵州）的 108 个地级市，研究周期为 2001~2019 年。数据的来源为 EPS 数据库公布的中国工业企业统计数据（地级市汇总数据），国研网的区域科技统计数据。考虑到创新变量的单位影响，本书在测算长江经济带的科技创新水平时对创新因素作对数化处理，消除创新变量单位带来的影响。此外，因创业投资资金、投资、财政科技支出等均为价值变量数据，结合易明等（2019）相关文献，本书对此做可比价处理，具体处理方法为：将相对应价值变量数据通过价格指数平减至 2000 年，其价格指数按照长江经济带城市经济发展水平（GDP）占比进行加权平均，且剔除通货膨胀的干扰并以 2000 年为基期折算后得到价格指数。

数据描述性统计及相关性分析如表 3.2 和表 3.3 所示。本书采用 STATA 对数据进行相关性检验。由表 3.3 可知，一方面，各个变量间均在 1% 的显著性水平上具有较强的相关性；另一方面，变量间的相关系数大部分小于 0.85，远小于 0.95，拒绝了严重的共线性问题假说。相关性分析并不能给出变量间确切关系的准确信息，因此需要在后文开展进一步分析。

表 3.2　测算区域科技创新水平变量的描述性统计

变量名称	变量符号	均值	最小值	中位数	最大值
新建企业	company	54.7073	0.3413	53.58	99.66
投资	invsetment	54.6107	0.6826	55.29	100
创业投资	vcpe	54.4645	0.3413	56.66	100
发明专利	invention	55.4371	0.3413	56.48	100
实用专利	utility	56.9997	0.3413	58.02	100
外观设计	design	57.7141	0.0000	58.87	100
商标	brand	54.1852	0.0000	52.73	99.66
财政科技支出	technology	3.14e+04	0.0100	2487	1417913

表 3.3　测算区域科技创新水平变量的相关性检验

变量符号	company	invsetment	vcpe	invention	utility	design	mark	technology
company	1	0.8023***	0.6031***	0.6408***	0.7192***	0.7149***	0.8449***	0.3289***
invsetment	0.8239***	1	0.6356***	0.6429***	0.7269***	0.6637***	0.7604***	0.3609***
vcpe	0.6121***	0.6404***	1	0.6606***	0.6827***	0.6127***	0.6189***	0.3999***
invention	0.6785***	0.6701***	0.6423***	1	0.8111***	0.7003***	0.6817***	0.4477***
utility	0.7635***	0.7500***	0.6652***	0.8144***	1	0.7995***	0.7634***	0.4724***
design	0.7299***	0.6730***	0.5988***	0.6964***	0.7959***	1	0.7654***	0.4510***
brand	0.8586***	0.7808***	0.6298***	0.7114***	0.7951***	0.7839***	1	0.3582***
technology	0.3662***	0.3672***	0.3724***	0.3802***	0.3874***	0.3525***	0.3857***	1

注：下三角代表 person 相关系数，上三角代表 spearman 相关系数；*** 表示在 1% 显著性水平下显著。

3.2　实证结果分析

基于上述评价方法计算长江经济带各城市样本期内的科技创新水平得分及按人口和面积平均的科技创新水平得分。在整体分析和分时空分析时计算科技创新总水平均值得分（Total）、人均科技创新水平均值得分（Pertotal）和单位面积科技创新水平均值得分（Sizetotal）（以下统称科技创新总水平、人均科技创新水平、单位面积科技创新水平）。

3.2.1 动态演变规律

3.2.1.1 整体分析

对长江经济带的科技创新水平进行了一个整体的估算，如表 3.4 所示。数据显示，长江经济带科技创新总水平（Total）为 55.7690，人均科技创新水平（Pertotal）为 51.7143，单位面积科技创新水平（Sizetotal）为 57.1077。在长江经济带流域范围内，科技创新水平虽然受人口和面积的影响，但总体均值差异不大，而人均科技创新水平和单位面积科技创新水平呈现较大的空间差异。

表 3.4　长江经济带科技创新整体水平

变量	均值	最小值	第一四分位数（Q1）	第三四分位数（Q3）	最大值	Q3-Q1
Total	55.7690	0.3413	33.1058	79.8635	99.6587	46.7577
Pertotal	51.7143	0.0000	24.3151	79.4521	99.6575	55.1370
Sizetotal	57.1077	3.7543	36.8601	81.9113	99.3174	45.0512

注：其中 0.0000 为较小的正数。

3.2.1.2 分流域分析

长江经济带上游、中游、下游地区的科技创新总水平、人均科技创新水平以及单位面积科技创新水平的具体情况如表 3.5 所示。具体来看，三大流域科技创新水平由高到低依次是下游、中游、上游。从数据结果可以看出，长江经济带不同流域间科技创新水平差距较大。

表 3.5　长江经济带上游、中游和下游地区科技创新水平

变量	流域	均值	最小值	第一四分位数（Q1）	第三四分位数（Q3）	最大值	Q3-Q1
Total	上游	39.4897	0.3413	17.9181	55.8021	98.9761	37.8840
	中游	50.6873	4.7782	33.6178	65.5290	98.6348	31.9113
	下游	73.3660	10.2389	59.7270	91.1263	99.6587	31.3993

续表

变量	流域	均值	最小值	第一四分位数（Q1）	第三四分位数（Q3）	最大值	Q3-Q1
Pertotal	上游	34.9797	0.0000	10.9589	54.6233	95.8904	43.6644
	中游	43.8293	1.0274	24.3151	61.9863	98.2877	37.6712
	下游	72.1984	5.1370	61.3014	90.4110	99.6575	29.1096
Sizetoal	上游	40.8271	3.7543	20.8191	56.6553	96.2457	35.8362
	中游	48.8966	13.3106	33.1058	60.4096	97.9522	27.3038
	下游	77.5223	30.0341	62.7986	90.7850	99.3174	27.9864

3.2.1.3 分时段分析

长江经济带科技创新总水平、人均科技创新水平以及单位面积科技创新水平随着时间的推移趋势如图 3.1 所示。整体来看，长江经济带科技创新水平呈波动上升趋势。其中，2001～2007 年呈现波动状态，2007～2013 年呈现上升趋势，2013～2019 年呈缓慢下降趋势。科技创新总水平位于 52.5～60，人均科技创新水平位于 47.5～55，单位面积科技创新水平位于 54～60。可以看出，科技创新总水平与单位面积科技创新水平较高，两者之间的差距较小。人均科技创新水平整体数值较小，与科技创新总水平和单位面积科技创新水平相差较大。同时，三个指标的均值图形走向区别也比较明显。其中，科技创新总水平和人均科技创新水平波动幅度较大，上升区间得分差距在 5 分左右，下降阶段比较缓慢，得分差距在2.5 以内。单位面积科技创新水平波动区间波动和缓，上升区间得分差距在 3 分以内，下降阶段也比较缓慢，得分差距在 1.5 分左右。

3.2.1.4 分时段分流域分析

长江经济带分上中下游科技创新水平随着时间的推移趋势如图 3.2 所示。具体来看，在科技创新总水平上，下游波动上升，数值较大，处于 65～80；上游和中游波动下降，上游数值处于 36～44；中游处于 46～54。在人均科技创新水平上，下游波动上升，数值较大，处于 65～80；上游波动下降，数值处于 32～40；中游波动上升，处于 40～48。在单位面积科技创新水平上，下游波动上升，数值较大，处于 72～80；上游波动下降，数值处于 36～44；中游波动上升，处于 42～52。

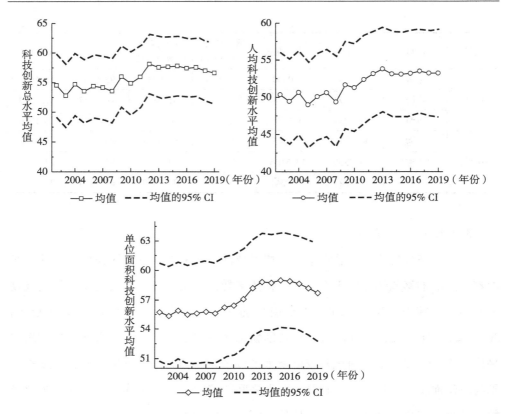

图 3.1 长江经济带科技创新水平的时序变化

由于上中下游地区科技创新水平基数不同，上游基数大，科技创新水平以上升趋势为主；中游和上游基数相对较小，同时中游基数大于上游的情况下，在二者同时呈现"先波动上升，再以下降趋势为主"的情况下，不难看出，上中下游科技创新水平差距越来越大。因此，长江经济带上中游地区特别是上游地区是科技创新发展的短板区域，需要政策的重点关注。

3.2.2 空间差异分析

为了进一步检验长江经济带科技创新水平的时空关联，特别是科技创新高地能否发挥技术溢出和技术引领带动作用，推动长江经济带科技创新的协同发展。

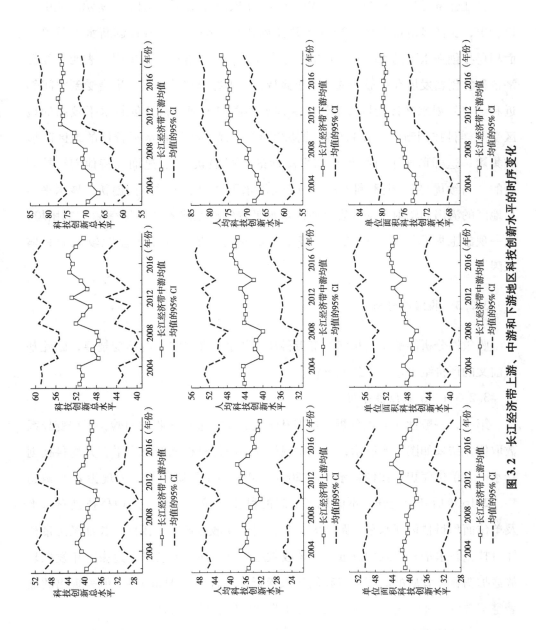

图 3.2 长江经济带上游、中游和下游地区科技创新水平的时序变化

运用 Moran's I 指数方法进行了具体测算。

长江经济带科技创新水平的 Moran's I 指数图如图 3.3~图 3.5 所示。从中可以看出，长江经济带 2001~2019 年科技创新总水平、人均科技创新水平及单位面积科技创新水平的 Moran's I 指数在 0~1，数据多落在一三象限。表明长江经济带科技创新发展存在显著的空间集聚特征，即综合科技创新水平会受到空间邻近和经济发展水平接近城市的影响。但这种影响表现为科技创新水平较高的地区受同样科技创新水平较高地区的持续影响，而科技创新水平较低的地区间形成集聚，这样形成了科技创新水平高地的"强强联合"，进而保持他们科技创新的"持续优势"，但不利于科技创新发展水平高的地区对科技创新发展水平不足地区的溢出和辐射带动，容易使创新水平较低地区陷入"持续落后"的困境，这一现象也揭示了前文中长江经济带区域间的科技创新水平差距较大的具体原因。

3.2.3　收敛性分析

收敛性分析能够反映长江经济带科技创新水平在时空上的演变规律，因此基于前文的评价结果进行收敛性分析。

3.2.3.1　σ 收敛性分析

第一，一般性 σ 收敛分析。本书基于变异系数进行 σ 收敛检验，根据变异系数取值，结果如图 3.6 所示，可以发现长江经济带科技创新总水平、人均科技创新水平及单位面积科技创新水平在 2001~2016 年呈下降趋势，表现为 σ 收敛趋势。2016 年后开始上升，不同地区之间的科技创新总水平、人均科技创新水平及单位面积科技创新水平差距增大，未表现出 σ 收敛趋势。因此，长江经济带整体科技创新水平先收敛后发散，整体收敛趋势不明显，尤其是在过去五年发散趋势愈加明显。背后的原因值得我们深入探析，结合前文 Moran's I 值表现出的显著空间效应，还需进一步分析长江经济带的空间收敛性特征。

长江经济带上中下游科技创新水平的变异系数的演变趋势如图 3.7 所示。变异系数反映了评价单元对均值的偏离状态，也被认定是衡量资料中各观测值变异

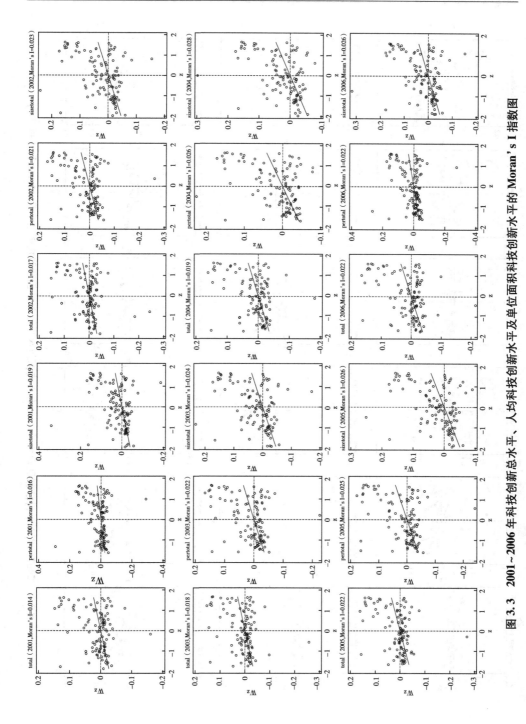

图 3.3 2001~2006 年科技创新总水平、人均科技创新水平及单位面积科技创新水平的 Moran's I 指数图

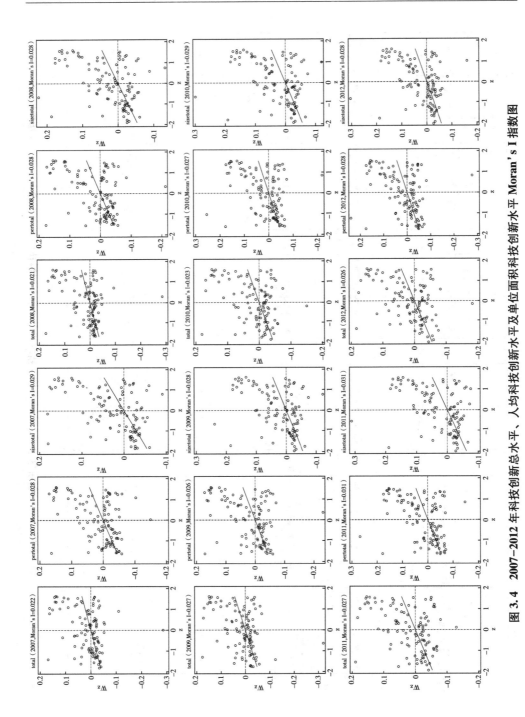

图 3.4 2007—2012 年科技创新总水平、人均科技创新水平及单位面积科技创新水平 Moran's I 指数图

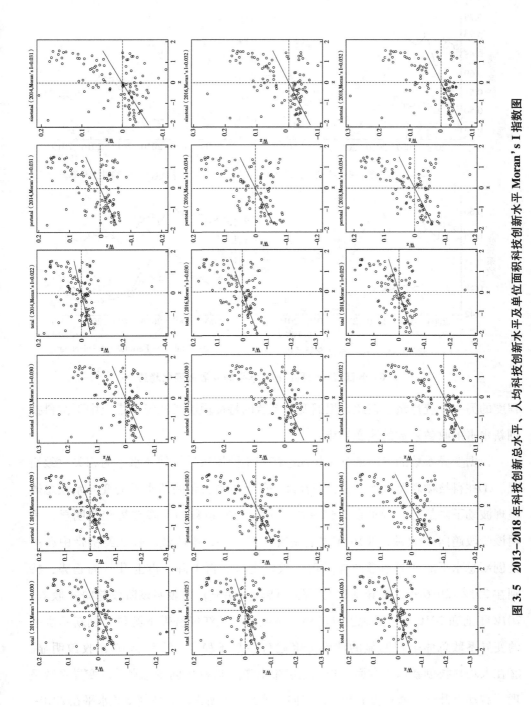

图 3.5 2013—2018 年科技创新总水平、人均科技创新水平及单位面积科技创新水平 Moran's I 指数图

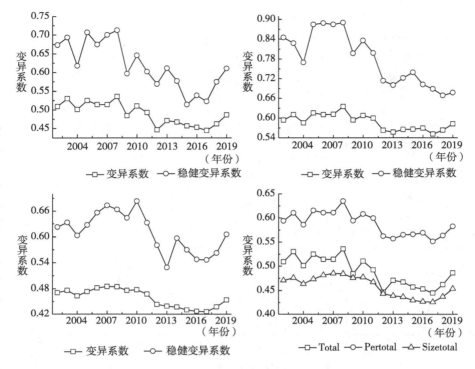

图 3.6 长江经济带科技创新水平的 σ 收敛变化趋势

程度的另一个统计量。在此，根据变异系数的特征说明长江经济带上中下游科技创新水平的收敛系数的演变趋势。

　　根据变异系数的走向来分析长江经济带不同流域科技创新水平的相关收敛情况。①在科技创新总水平方面，长江经济带上游科技创新总水平的变异系数总体呈现波动下降趋势。特别在 2001~2016 年，变异系数的下降趋势较为明显，表明该阶段趋向 σ 收敛，2016 年之后呈现上升趋势，不收敛。长江经济带中游科技创新总水平的变异系数总体呈现"波动上升、再下降、再上升"的趋势，特别在 2012~2016 年，变异系数的下降趋势较为明显，这表明该阶段趋向 σ 收敛，2012 年前和 2016 年后呈现上升趋势，不收敛。长江经济带下游科技创新总水平的变异系数总体呈现明显的波动下降趋势后趋于稳定，下游区域 α 收敛明显。②在人均科技创新水平方面，长江经济带上游人均科技创新总水平的变异系数呈现"波动上升—下降—再上升"的走向。因此，上游人均科技创新总水平在 2010~

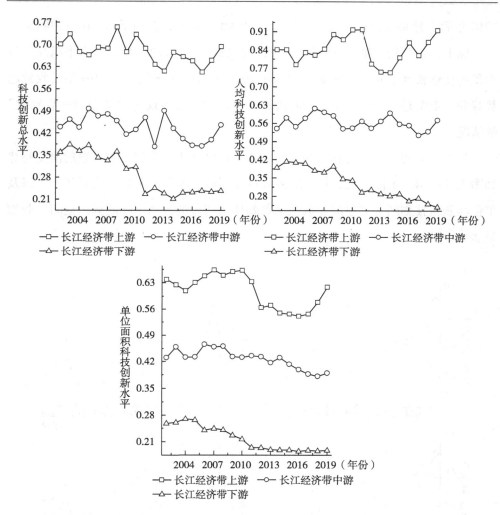

图 3.7 长江经济带不同流域科技创新水平 σ 收敛趋势变化

2013 年，变异系数的下降趋势较为明显，这表明该阶段趋向 σ 收敛，2010 年以前和 2013 年后呈现上升趋势，不收敛。长江经济带中游在 2001～2016 年，变异系数波动下降，这表明该阶段趋向 σ 收敛，2016 年后呈现上升趋势，不收敛。长江经济带下游的变异系数表现为明显的下降趋势，σ 收敛明显。③在单位面积科技创新水平上，长江经济带上游在 2001～2016 年波动下降，趋向 σ 收敛；

2016 年后变异系数开始变大，不收敛；中游和下游整体波动下降，σ 收敛明显。

综上，长江经济带下游地区的科技创新总水平、人均科技创新水平以及单位面积科技创新水平 σ 收敛明显。中游在 2016 年前呈现 σ 收敛；2016 年后收敛趋势减弱。上游是三个流域中波动起伏最大的，同中游表现为"先收敛—后发散"的情况。

第二，空间 σ 收敛分析。长江经济带科技创新水平空间收敛系数的演变趋势如图 3.8 所示。由图可见，长江经济带科技创新总水平、人均科技创新水平以及单位面积科技创新水平空间 σ 收敛系数整体呈明显的波动下降趋势，空间 σ 收敛显著。

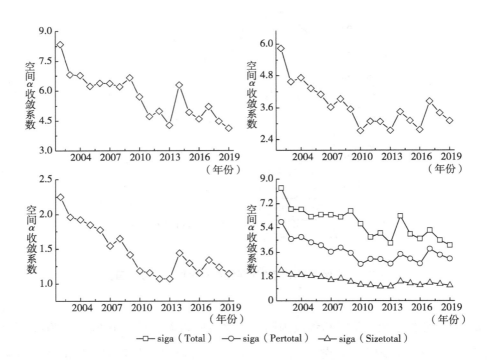

图 3.8 长江经济带科技创新水平空间 σ 收敛变化趋势

3.2.3.2 β 收敛性分析

测算了不同模型设定下长江经济带 β 绝对收敛和空间 β 收敛的检验结果如

表3.6、表3.7所示，表3.6中 Hausman 检验显著拒绝原假设，测算结果以固定效应为准。表3.7中，极大释然估计检验结果表明 SDM 模型是最优模型，所以以 SDM 模型测算结果为最终解释模型。在全样本时期，长江经济带整体、上中下游三大流域的科技创新水平的绝对 β 收敛系数为负，且均能通过 1% 的显著性检验，表明长江经济带科技创新水平存在 β 绝对收敛。同时，长江经济带空间 β 收敛结果的系数为负并通过了 1% 的显著性检验，与 β 绝对收敛结果基本一致，表明长江经济带存在明显的空间 β 收敛。

表3.6　长江经济带科技创新水平绝对 β 收敛结果

科技创新水平	(1) OLS	(2) FE	(3) RE	(4) 上游	(5) 中游	(6) 下游
滞后1期	−0.0717***	−0.606***	−0.0717***	−0.571***	−0.703***	−0.532***
	(0.00836)	(0.0210)	(0.00836)	(0.0374)	(0.0381)	(0.0331)
Constant	4.133***	33.83***	4.133***	22.49***	35.65***	39.29***
	(0.517)	(1.182)	(0.517)	(1.532)	(1.965)	(2.427)
Obs	2052	2052	2052	608	684	760
R−squared	0.036	0.313		0.300	0.357	0.276

注：括号内代表标准误；*、**、***分别表示在10%、5%、1%显著性水平下显著。

3.2.3.3　俱乐部收敛分析

近年来，关于科技创新水平收敛的研究重心从"绝对收敛""条件收敛"逐渐转移到"俱乐部收敛"。首先，当把研究范围限定在条件相似的几组地区时，可以发现科技创新水平在组内明显存在 β 收敛和 σ 收敛的现象；其次，绝对收敛意味着不同区域的科技创新水平效率分布会呈现单峰分布，且随着时间推移，分布呈现更集中的趋势。但实际上，近几十年科技创新水平效率呈现明显的多峰分布，多峰分布是否意味着"俱乐部收敛"现象的存在呢？与绝对收敛的要求类似，除了多峰分布的出现，"俱乐部收敛"还要求随着时间推移分布模式变得更加显著。此外，现有研究均主要将 β 收敛和 σ 收敛等同于俱乐部收敛，且将地理分区作为原始的"俱乐部收敛"，这种划分并不是真正意义上的俱乐部收敛形态。

表 3.7 长江经济带科技创新水平空间 β 收敛结果

	SEM		SAR		SDM			SLM		SAC	
	Main	Spatial	Main	Spatial	Main	Wx	Spatial	Main	Spatial	Main	Spatial
滞后 1 期	-0.620***		-0.606***		-0.630***	1.843***		-0.620***		-0.620***	
	(0.0209)		(0.0204)		(0.0205)	(0.301)		(0.0209)		(0.0204)	
lambda		0.910***							0.910***		1.867***
		(0.270)							(0.270)		(0.242)
rho				-0.0552			0.611**				-1.566***
				(0.268)			(0.279)				(0.298)
Hausman test	62.91***		61.54***		61.78***			62.91***			
Obs	2052	2052	2052	2052	2052	2052	2052	2052	2052	2052	2052
R-squared	0.036	0.036	0.037	0.037	0.041	0.041	0.041	0.036	0.036	0.041	0.041

注：括号内代表标准误；*、**、***分别表示在 10%、5%、1%显著性水平下显著。

本书创新性地引入 Du（2017）的"俱乐部收敛"模型分析长江经济带不同城市科技创新水平效率的收敛形态。

俱乐部收敛指长江经济带相似科技创新类型的城市间存在不断趋同的状态。本书借鉴 Du（2017）的"俱乐部收敛"方法，基本逻辑为首先验证是否存在整体收敛，主要采用 PS 收敛模型和 Logt 检验方法（Phillips 和 Sul，2007）检验，确定整体收敛后进行具体俱乐部收敛检验，主要采用 Logt 检验进行多次的反复检验。具体步骤是在对长江经济带各城市科技创新水平进行排序，并对城市依次进行逐步剔除和逐步加入的方法，采用 Logt 检验收敛性进而确定核心组，在形成多个核心组后检验不同核心组间俱乐部收敛性（朴胜任，2020）。这样就可以将具有相同初始禀赋的个体聚集到同一个"俱乐部"，确定科技创新水平初始条件一致的城市最终能否达到稳态。

具体检验结果如下。整体收敛性检验结果如式（3.4）所示：

$$\log\left(\frac{H_1}{H_t}\right) - 2\log L(t) = \underset{(1.8468)}{0.0615} - \underset{(-8.9489)}{0.55\log}\log t + u_t \tag{3.4}$$

式中，t 统计量为 -8.9489，在 5% 的显著水平上拒绝存在整体收敛的原假设，表明 2002~2019 年长江经济带各城市的科技创新水平不存在整体收敛，因此，可以开展接下来的俱乐部收敛检验。

俱乐部收敛的最终结果如表 3.8 所示，长江经济带不同城市存在 7 个俱乐部。俱乐部 I 包括安顺市、毕节市、亳州市、成都市、阜阳市、赣州市、杭州市、合肥市、吉安市、金华市、九江市、丽水市、六安市、南京市、宁波市、上饶市、苏州市、宿迁市、宿州市、铜仁市、温州市、芜湖市、武汉市、咸宁市、长沙市、遵义市；俱乐部 II 包括安庆市、常州市、贵阳市、湖州市、淮安市、嘉兴市、昆明市、南通市、绍兴市、台州市、无锡市、徐州市、宜昌市、玉溪市；俱乐部 III 包括黄冈市、南昌市、萍乡市、衢州市、泰州市、孝感市、盐城市、扬州市、宜春市、镇江市、舟山市；俱乐部 IV 包括蚌埠市、滁州市、连云港市、六盘水市、马鞍山市、绵阳市、邵阳市、十堰市、襄阳市、宣城市、株洲市；俱乐部 V 包括巴中市、保山市、常德市、郴州市、池州市、德阳市、鄂州市、抚州市、广安市、衡阳市、怀化市、淮北市、淮南市、黄山市、黄石市、荆门市、荆州市、景德镇市、娄底市、泸州市、眉山市、南充市、内江市、攀枝花市、曲靖市、铜陵市、湘潭市、宜宾市、益阳市、永州市、岳阳市；俱乐部Ⅵ包括达州市、广元市、乐山市、丽江市、临沧市、普洱市、随州市、遂宁市、新余市、雅安市、鹰潭市、张家界市、昭通市、自贡市，还有一个被剔除的组别Ⅶ，为资阳市。

表 3.8 长江经济带 108 城市科技创新总水平俱乐部收敛检验结果

初始类	合并检验					最终类
类型 1 [26]	Club1+2 0.7334 *** (4.0158)					Club1 0.8501 *** (4.2766)
类型 2 [14]		Club2+3 0.1795 (1.2326)				Club2 0.2001 (0.9896)
类型 3 [11]			Club3+4 0.2237 (1.3714)			Club3 0.3588 * (1.6942)
类型 4 [11]				Club4+5 −0.276 ** (−1.9362)		Club4 0.1885 (1.0292)
类型 5 [31]					Club5+6 −0.491 *** (−2.9864)	Club5 0.0192 (0.1049)
类型 6 [14]					Club6+Group7 −0.7937 ** (−2.1997)	Club6 −0.5237 (−1.246)
N	40	25	22	42	45	15

注：括号中为 t 统计量，方括号中为俱乐部收敛类型的决策单元个数，N 代表合并检验的决策单元个数。Club1~Club6 分别对应文中俱乐部Ⅰ~Ⅵ；其中 Group7 的决策单元个数为 1，无法归属于新的 Club。

由于各自收入层级的城市经济发展水平、城市财政收支能力、城市规模等经济特征相似，各自层级内部的城市综合创新发展也会出现自身的收敛特征。同时，高收入层级内的城市在综合创新发展上的收敛速度相较于其他收入水平更快，这可能是由于综合创新水平发展中的"马太效应"促使创新资源不断向高收入城市汇聚，导致"强者愈强，弱者愈弱"。西部大开发和中部崛起战略在推动长江经济带科技创新水平问题上取得了明显成效。

从流域分区视角看长江经济带俱乐部收敛结果，其各自的收敛系数基本在1%水平下显著为负，表明在样本考察期内，考虑了空间关联效应后，在长江经济带科技创新水平空间分布特征依旧明显的情况下，具有空间俱乐部收敛趋势。

3.3 本章小结

整体来看，长江经济带108个城市的科技创新水平不均衡。不同流域的创新水平差距明显。从不同流域看，根据长江经济带108个城市2001~2019年科技创新水平的综合得分可知，下游创新水平超出中游，中游相比上游地区较好。长江经济带下游区域 σ 收敛显著，中游和上游地区呈现发散趋势。同时，进一步分析，长江经济带不同城市存在6个俱乐部。长江经济带各城市由于自身发展禀赋的差异，在科技创新发展上形成了俱乐部收敛特征，具体表现为科技创新水平更高的城市收敛速度快于并低于其他俱乐部群组，说明收敛的稳态存在内部异质性。而这一结果形成了科技创新发展中的"马太效应"，使得创新资源不断向高收入城市汇聚，进而推动高科技创新水平城市得到更快发展，最终形成"强者愈强，弱者愈弱"的局面。西部大开发和中部崛起战略在推动长江经济带科技创新水平问题上取得了明显成效。细看长江经济带不同流域，其各自的收敛系数基本在1%水平下显著为负，表明在样本考察期内，考虑了空间关联效应后，在长江经济带科技创新水平空间分布特征依旧明显的情况下，具有空间俱乐部收敛趋势。

4 长江经济带绿色经济效率测度及其时空演变规律

根据第 2 章中区域绿色经济效率测度的三个维度：资源投入、经济产出与环境产出，本章确定长江经济带绿色经济效率测度指标体系，基于双前沿面数据包络分析的区间全局 Meta-frontier Malmquist 指数方法，对长江经济带绿色经济效率及其时空演变规律进行测算分析。

4.1 研究模型设计

4.1.1 Meta-frontier Malmquist 指数

一般 DEA 模型都是基于技术效率的概念，是针对某一时间的生产技术而言的。但生产是一个长期的连续的过程，技术进步是在这一过程中产生的，而"生产技术是第一生产力"这一经典论述直接表明在持续动态生产过程中同时会发生生产率变化。根据这一基本逻辑，Malmquist（1953）提出 Malmquist 全要素生产率（Total Factor Productivity，TFP）。Färe 等（1992）最早采用 DEA 的方法计算 Malmquist 指数，基于跨期计算，其将 Malmquist 指数分解为技术效率的变化

（Technical Efficiency Change，EC）和生产技术的变化（Technological Change，TC），在 DEA 分析中反映生产前沿的变动情况。但是，当考察期远远大于两期时，测算 Malmquist 指数时会面临因技术前沿面变化而不具有时期上可比性的问题，也会面临因决策单元异质性导致评价结果失真的问题，传统 DEA 模型默认为同质性假定（王旭等，2021）。

因此，本书参考王旭等（2021）提出的基于双前面数据包络分析的区间全局 Meta-frontier Malmquist 指数方法测算长江经济带绿色经济效率。全局 Meta-frontier Malmquist 指数通过建立全局的技术参考前沿面，能够系统考虑长江经济带各城市在多时期内绿色经济效率的动态变化规律，且在此动态研究过程中综合考虑了城市间绿色经济效率的异质性，满足了循环性检验。一方面，有利于对长江经济带各城市绿色经济效率的评价与研究更精细，进而为提高长江经济带绿色经济效率提供更加精准而有效的管理信息；另一方面，描绘了长江经济带绿色经济效率的动态变化，明确各地区在整体中的具体位置，为各地区绿色经济效率的提升提供努力的目标和方向。

对前面数据包络分析的区间全局 Meta-frontier Malmquist 指数方法提出了决策者乐观水平的区间数排序方法，该方法能有效甄别并对区间数大小进行比较，有力地支撑了 Malmquist 生产率指数在区间不确定的决策环境中的应用。具体模型如下所示：假设有 n 个待评价的决策单元 DMU_s，每个 $DMU_s(j=1, 2, \cdots, n)$ 均有 m 项投入 $x_{ij}(i=1, 2, \cdots, m)$，s 项期望产出 $y_{rj}(r=1, 2, \cdots, s)$ 和 p 项非期望产出 $b_{kj}(k=1, 2, \cdots, p)$。依据文献的研究，决策单元 DMU_o 基于 Slacks-Based Model（SBM）效率可由如下模型获得。

$$\min\rho = \frac{1 - \dfrac{1}{m}\sum_{i=1}^{m}\dfrac{s_i^-}{x_{io}}}{1 + \dfrac{1}{(s+p)}\left(\sum_{r=1}^{s}\dfrac{s_s^+}{y_{ro}}\right) + \sum_{k=1}^{p}\dfrac{s_k^-}{b_{ko}}}$$

$$\text{s.t.} \sum_{j=1}^{n}\lambda_j x_{ij} + s_i^- = x_{io}, \ i=1, 2, \cdots, m$$

$$\sum_{j=1}^{n} \lambda_j y_{rj} - s_r^+ = y_{ro}, \quad r = 1, 2, \cdots, s$$

$$\sum_{j=1}^{n} \lambda_j b_{kj} + s_k^- = b_{ko}, \quad k = 1, 2, \cdots, p$$

$$\lambda_j, \ s_i^-, \ s_r^+, \ s_k^- \geqslant 0$$

$$i = 1, 2, \cdots, m, \quad r = 1, 2, \cdots, s, \quad k = 1, 2, \cdots, p, \quad j = 1, 2, \cdots, n$$

$$(4.1)$$

由于式（4.1）是一个非线性规划式，为便于计算，借鉴 Charnes 等（1978）对 DEA 非线性规划的转化式步骤，令 $\tau \times \left[1 + \dfrac{1}{(s+p)} \left(\sum_{r=1}^{s} \dfrac{s_s^+}{y_{ro}} + \sum_{k=1}^{p} \dfrac{s_k^-}{b_{ko}} \right) \right] = 1$，则有 $\tau \lambda_j = \varepsilon_j$，$\tau s_i^- = S_i^-$，$\tau s_r^+ = S_r^+$，$\tau s_k^- = S_k^-$，进而将公式（4.1）转化为公式（4.2）：

$$D_O^G(x^t, \ y^t, \ b^t) = \min \rho = \tau - \frac{1}{m} \sum_{i=1}^{m} \frac{S_i^-}{x_{io}^t}$$

$$\text{s. t.} \quad \tau + \frac{1}{(s+p)} \left(\sum_{r=1}^{s} \frac{S_r^+}{y'_{ro}} + \sum_{k=1}^{p} \frac{S_k^-}{b'_{ko}} \right) = 1$$

$$\sum_{t=1}^{G} \sum_{j=1}^{n} \varepsilon_j^t x_{ij}^t + S_i^- = \tau x_{io}^t, \quad i = 1, 2, \cdots, m$$

$$\sum_{t=1}^{G} \sum_{j=1}^{n} \varepsilon_j^t y_{rj}^t - S_r^+ = \tau y_{ro}^t, \quad r = 1, 2, \cdots, s$$

$$\sum_{t=1}^{G} \sum_{j=1}^{n} \varepsilon_j^t b_{kj}^t + S_k^- = \tau b_{ko}^t, \quad k = 1, 2, \cdots, p$$

$$\varepsilon_j^t, \ S_i^-, \ S_r^+, \ S_k^- \geqslant 0, \ \tau > 0$$

$$i = 1, 2, \cdots, m, \quad r = 1, 2, \cdots, s, \quad k = 1, 2, \cdots, p, \quad j = 1, 2, \cdots, n$$

$$(4.2)$$

式中，ρ 是 DMU，基于 Meta-frontier 前沿面的效率，该效率的取值范围为 [0, 1]。当且仅当 $\rho = 1$，$S_i^- = 0$，$S_r^+ = 0$，$S_k^- = 0$ 时，被评价的决策单元 DMU 是有效的。当 $\rho = 1$，$S_i^- \neq 0$，$S_r^+ \neq 0$，$S_k^- \neq 0$ 时，被评价决策单元是弱有效的；否则，当 $\rho \neq 1$，$S_i^- \neq 0$，$S_r^+ \neq 0$，$S_k^- \neq 0$ 时，被评价的决策单元是非有效的。

$(x^t, \ y^t, \ b^t)$、$(x^{t+1}, \ y^{t+1}, \ b^{t+1})$ 是决策单元分别在 t 和 $t+1$ 时期的投入和产

出，且 t 满足 t=1，2，…，G-1，G 是总的评价周期，考虑到决策单元的异质性，将 n 个决策单元根据生产技术的相似性分为 H 个群组，第 h（h=1，2，…，H）个群组包含的决策单元的个数由 f_h（h=1，2，…，H）表示，基于前沿数据包络分析的全局 Meta-fontier Malmquist 生产率相关指数可通过求解以下模型获取：

$$D_0^G(x^{t+1}, y^{t+1}, b^{t+1}) = \min\rho = \tau - \frac{1}{m}\sum_{i=1}^{m}\frac{S_i^-}{x_{io}^{t+1}}$$

$$\text{s. t.} \quad \tau + \frac{1}{(s+p)}\left(\sum_{r=1}^{s}\frac{S_r^+}{y_{ro}^{t+1}} + \sum_{k=1}^{p}\frac{S_k^-}{b_{ko}^{t+1}}\right) = 1$$

$$\sum_{t=1}^{G}\sum_{j=1}^{n}\varepsilon_j^t x_{ij}^t + S_i^- = \tau x_{io}^{t+1}, \quad i=1, 2, \cdots, m$$

$$\sum_{t=1}^{G}\sum_{j=1}^{n}\varepsilon_j^t y_{rj}^t - S_r^+ = \tau y_{ro}^{t+1}, \quad r=1, 2, \cdots, s$$

$$\sum_{t=1}^{G}\sum_{j=1}^{n}\varepsilon_j^t b_{kj}^t + S_k^- = \tau b_{ko}^{t+1}, \quad k=1, 2, \cdots, p$$

$$\varepsilon_j^t, S_i^-, S_r^+, S_k^- \geq 0, \quad \tau > 0$$

$$i=1, 2, \cdots, m, \quad r=1, 2, \cdots, s, \quad k=1, 2, \cdots, p, \quad j=1, 2, \cdots, n$$

$$(4.3)$$

4.1.2　指标选择与数据来源

区域绿色经济效率测度的三个维度：资源投入、经济产出与环境产出，从投入变量和产出变量两个维度构建指标体系（见表 4.1），并以此分析长江经济带 108 个城市绿色经济效率发展状况。

表 4.1　绿色经济效率指标选择

一级指标		指标内容含义	指标具体名称	单位
投入 变量	资源 投入	区域劳动投入存量	城市在岗职工工资总额	万元
		区域资本投入存量	城市固定资产投资总额	万元
		区域化石能源消费	城市人工煤气、天然气供应总量	万立方米
		区域水资源消费总量	城市全年供水总量	万立方米

一级指标		指标内容含义	指标具体名称	单位
产出变量	经济产出	区域土地资源消费总量	城市建成区面积	平方千米
		区域人均 GDP 总值	人均国内生产总值	万元
	环境污染	区域废水排放量	废水排放总量	万吨
		区域废气排放量	工业废气排放总量	亿标立方米
		区域烟尘排放量	烟尘排放量	吨
		区域二氧化硫排放量	二氧化硫排放总量	吨

4.1.2.1 投入变量

第一，劳动投入。影响区域绿色经济效率的主要因素是劳动力数量及劳动力素质。区域经济发展离不开劳动人员参与，自亚当·斯密的古典经济学以来，新古典经济学派、新经济增长理论以及凯恩斯理论等均认为人员劳动力的投入对经济发展及增长起着重要作用。劳动力人员数直接或者间接影响生产力的提高，尤其近年来人力资本理论对经济生产率的解释均取得一定共识，即劳动力人员的素质直接影响区域经济的生产效率，因而劳动力的投入对区域绿色经济效率的提升有决定作用。本章借鉴已有研究（谭政和王学义，2016；陈诗一，2010；白稳，2014；陈超凡，2016；谌莹和张捷，2016），考虑到资本和产出指标已核算为经济价值，因而选取城市在岗职工工资总额作为劳动力投入。

第二，资本投入。资本投入对经济增长有直接影响，资本投入一直是我国经济增长的主要因素。目前，学术界对中国经济增长主要依靠资本投入的观点已取得基本共识。依靠资本投入，并通过资源消耗来维持经济增长是粗放式的增长方式（吴敬琏，2006）。通常而言，在一定条件下资本投入越多，企业生产规模越大，因而在提升经济效率方面也存在较大可能，绿色经济效率也会得到提升。考虑到数据的获取性，本章选用城市固定资产投资总额衡量资本投入。

第三，能源资源投入。能源资源是人类进行生产和生活的重要物质基础。能源资源投入生产过程有利于产品的生产，流入市场形成商品进而实现经济增长，但也会导致污染问题。能源资源投入到生活中满足了人类基本生活资料的需求。尽管能源是一种极其重要的生产资料，但新古典经济学家认为人力资本与自然资源间存在替代关系，进而没有将其纳入经济增长模型。随着生态环境恶化，自然资源稀缺性趋势紧张，这种完全替代的言论逐步被驳斥，且越来越多的环境经济学学者认为，能源应进入生产函数中。因此，遵循这一做法，本章选取的能源资源环境指标为城市人工煤气、天然气供应总量，城市全年供水总量和城市建成区面积。

4.1.2.2 产出变量

第一，经济产出：人均地区生产总值。地区的生产能力一般用地区经济生产总值表示。经济社会运行与生产类企业运行类似，各省市、自治区需要相应的生产要素投入，从而产生相关的经济总量。在产出综合指标方面，已有研究大多数将省市、自治区的地区生产总值直接作为最有效的总产出指标，本章考虑到长江经济带各个城市发展的不平衡性，因而选取人均地区生产总值（GDP）表示地区总的产出能力，将其作为有效的期望产出。

第二，环境产出：环境污染。随着城市经济的快速发展和污染排放的累积效应，近几年我国城市环境状况日趋严峻。由于污染物的产生和排放与区域间的经济水平的相关性较大，在环境指标的选取上，污染物排放指标从污染源看有生产和生活两类，从呈现的物质形态看有气体污染排放、液体污染排放和固体废弃物。考虑到城市环境污染指标的统计口径和统计长度，本章选取废水排放总量、工业废气排放总量、烟尘排放量、二氧化硫排放总量作为非期望产出。

4.1.2.3 数据来源

由于 DEA 模型分析计算的是长江经济带绿色经济效率的相对值，为统一全书的样本数据，本章采用 2000~2019 年长江经济带 108 个城市的面板数据进行相关分析，由于上海和重庆作为直辖市，行政级别高于其他地级市，基于指标数据一致性和可获取性的考虑将其予以剔除。具体的指标来源如表 4.2 所示，其中缺失的年份数据通过平均值法补齐数据。

表 4.2　数据来源说明

指标	数据库名称	年份
人均国内生产总值、城市建成区面积	中国宏观经济数据库	2000~2019 年

指标	数据库名称	年份
就业单位年末人数、国有就业单位从业人数、城镇在岗就业人数、平均就业工资	中国劳动经济数据库	2000~2019 年
废水排放总量、烟尘排放总量、工业废气排放总量、城镇环境基础设施建设投资、环境污染治理投资总额、二氧化硫排放总量	中国环境数据库、生态环境部网页	2000~2010 年
城市人工煤气、天然气、水供应总量	中国能源数据库	2000~2019 年

4.2 长江经济带绿色经济效率的动态演变规律

4.2.1 绿色经济效率及其分解效率整体变动规律

限于研究目的，采用规模报酬可变的假设，本书将长江经济带绿色经济效率（MI）分解为绿色经济综合技术效率（EC）和绿色经济技术进步（TC），即 MI＝EC×TC。长江经济带绿色经济效率测算及其指数分解结果如表4.3所示。

表4.3　长江经济带绿色经济效率及其分解效应结果

年份	均值	95%CI		均值	95%CI		均值	95%CI	
	MI	下限	上限	EC	下限	上限	TC	下限	上限
2001	1.0062	1.0038	1.0087	1.0028	1.0014	1.0042	1.0034	1.0012	1.0056
2002	1.0030	1.0012	1.0048	1.0020	1.0004	1.0037	1.0009	0.9996	1.0023
2003	0.9987	0.9964	1.0010	0.9894	0.9852	0.9936	1.0098	1.0057	1.0139
2004	0.9988	0.9980	0.9996	1.0071	1.0033	1.0108	0.9922	0.9884	0.9960
2005	0.9996	0.9987	1.0005	1.0015	1.0002	1.0028	0.9981	0.9971	0.9992
2006	1.0012	1.0004	1.0020	1.0026	1.0016	1.0036	0.9987	0.9976	0.9997
2007	1.0009	1.0000	1.0018	0.9886	0.9867	0.9905	1.0126	1.0103	1.0149
2008	1.0036	1.0023	1.0049	1.0013	0.9995	1.0032	1.0023	1.0002	1.0045
2009	1.0016	1.0005	1.0028	1.0113	1.0095	1.0131	0.9906	0.9886	0.9926
2010	1.0014	1.0003	1.0024	0.9990	0.9980	1.0000	1.0024	1.0011	1.0037
2011	1.0022	1.0004	1.0039	0.9982	0.9969	0.9996	1.0040	1.0020	1.0060

续表

年份	均值	95%CI		均值	95%CI		均值	95%CI	
	MI	下限	上限	EC	下限	上限	TC	下限	上限
2012	1.0017	1.0004	1.0030	0.9990	0.9972	1.0009	1.0028	1.0006	1.0050
2013	1.0000	0.9989	1.0012	1.0029	1.0014	1.0043	0.9972	0.9958	0.9987
2014	1.0008	1.0000	1.0015	1.0000	0.9992	1.0008	1.0008	0.9998	1.0018
2015	1.0003	0.9995	1.0011	1.0009	1.0000	1.0018	0.9995	0.9983	1.0006
2016	1.0075	1.0051	1.0100	0.9985	0.9976	0.9994	1.0091	1.0065	1.0117
2017	1.0032	1.0018	1.0047	0.9993	0.9981	1.0005	1.0040	1.0025	1.0055
2018	1.0018	1.0008	1.0028	0.9983	0.9975	0.9990	1.0036	1.0024	1.0048
2019	1.0009	0.9997	1.0022	0.9654	0.9584	0.9724	1.0383	1.0307	1.0459

注：MI 表示长江经济带绿色经济效率，EC 代表长江经济带绿色经济综合技术效率，TC 表示长江经济带绿色经济技术进步。

首先，从总体看，长江经济带绿色经济效率均值为 1.0018，为 DEA 有效。即在样本数据范围内，既定的投入下长江经济带绿色经济实现了最优的产出规模。

其次，从指数分解的角度看，长江经济带城市绿色综合技术效率变化均值为 0.9983，技术进步均值为 1.0037。由此可见，绿色综合技术效率拖累了总体绿色经济效率 MI，且 EC 对总体效率贡献为负；而绿色技术进步显著提升了绿色经济效率，贡献程度为正。

最后，从年度变化趋势看，长江经济带绿色经济效率整体呈现波动式下降，但变化幅度不大，极差为 0.0087；与之变化相类似的为绿色综合技术效率的动态趋势，且绿色综合技术效率的下降幅度更大，极差为 0.0417。长江经济带城市绿色技术进步整体呈现上升趋势，且上升幅度高于绿色综合技术效率，因而最终使得绿色经济效率呈现上升趋势。

4.2.2 偏向型绿色技术进步变动规律

本书参考易明等（2019）相关文献思路，将长江经济带绿色经济技术进步 TC 进一步分解为 $TC_{(a,b)} = OBTC \times IBTC \times MATC$，结果如图 4.1 所示。通过对技术进步的详细分解，能够区分引起绿色技术进步的根源。其中，OBTC 表示长江经济带投入产出技术进步效率从 a 期到 b 期的技术变化产生的偏差，即为产出偏向

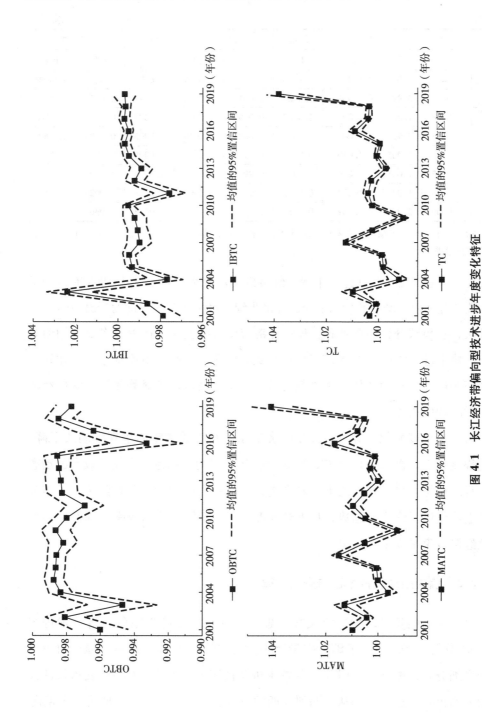

图 4.1 长江经济带偏向型技术进步年度变化特征

注：OBTC 代表长江经济带绿色经济产出偏向型技术进步，IBTC 代表长江经济带绿色经济投入偏向型技术进步，MATC 代表长江经济带绿色经济中性技术进步。

型技术进步；IBTC 表示长江经济带投入产出技术进步效率从 a 期到 b 期的投入偏倚的技术变化，即为投入偏向型技术进步；MATC 表示长江经济带投入产出技术进步效率从 a 期到 b 期的技术变化的幅度，即为中性技术进步。

由图 4.1 可知，产出偏向型技术进步均值为 0.9976，投入偏向型技术进步均值为 0.9992，中性技术进步均值为 1.0069。一方面，产出偏向型技术进步和投入偏向型技术进步拖累了绿色技术进步的提升，其对总体绿色技术进步的贡献为负，说明长江经济带部分地区绿色技术进步中的产出和产出依然处于落后状态；另一方面，中性技术进步对总体绿色技术进步的贡献为正。对技术进步效率进一步分解，可以看到，相比于投入偏向型技术进步带来的技术变化，中性技术变化的贡献更大，同时优于产出偏向型技术进步带来的技术变化，即技术变化幅度较大程度上有利于推进长江经济带绿色经济效率的进步。

4.3　长江经济带绿色经济效率的空间分布差异

4.3.1　分流域绿色经济效率空间变化

4.3.1.1　长江经济带上游地区分析

长江经济带上游地区绿色经济效率及其分解效应结果如表 4.4 所示。样本数据范围内，长江经济带上游绿色经济效率均值为 1.0008，为 DEA 有效。分解看，综合技术效率变化均值为 0.9990，技术进步均值为 1.0020，产出偏向型技术进步均值为 0.9983，投入偏向型技术进步均值为 0.9994，中性技术进步均值为 1.0044。由此可知，长江经济带上游地区绿色经济效率的提升主要依赖技术的进步。其中，中性技术进步均值为 1.0044，且大于均值投入偏向技术进步，优于产出投入偏向技术进步。可知，上游地区绿色经济效率的提升主要依赖于技术进步带来的积极作用。

表 4.4　长江经济带上游地区绿色经济效率测算结果

年份	MI		EC		TC		OBTC		IBTC		MATC	
	均值	极差	均值	极差	均值	极差	均值	极差	均值	极差	均值	极差
2001	1.0001	0.0257	1.0036	0.0298	0.9965	0.0264	0.9991	0.0170	0.9993	0.0086	0.9981	0.0400
2002	0.9997	0.0185	0.9994	0.0331	1.0003	0.0372	0.9999	0.0181	0.9983	0.0104	1.0022	0.0392
2003	1.0008	0.0361	0.9962	0.0752	1.0049	0.0621	0.9940	0.0372	1.0023	0.0185	1.0087	0.0611
2004	0.9996	0.0156	1.0007	0.0825	0.9993	0.0916	0.9987	0.0146	0.9989	0.0174	1.0016	0.0841
2005	0.9996	0.0188	1.0028	0.0311	0.9969	0.0300	0.9986	0.0133	0.9993	0.0077	0.9990	0.0371
2006	1.0024	0.0217	1.0024	0.0198	1.0000	0.0162	0.9984	0.0121	0.9993	0.0099	1.0023	0.0252
2007	0.9989	0.0295	0.9880	0.0322	1.0111	0.0561	0.9995	0.0154	0.9988	0.0223	1.0129	0.0487
2008	1.0041	0.0340	1.0015	0.0281	1.0026	0.0515	0.9975	0.0413	0.9990	0.0199	1.0063	0.1031
2009	1.0016	0.0441	1.0088	0.0368	0.9930	0.0638	0.9977	0.0413	1.0001	0.0162	0.9952	0.1040
2010	0.9986	0.0323	1.0000	0.0236	0.9987	0.0275	0.9987	0.0223	0.9994	0.0124	1.0006	0.0315
2011	1.0053	0.0604	0.9980	0.0387	1.0073	0.0497	0.9967	0.0296	0.9977	0.0201	1.0131	0.0871
2012	1.0011	0.0366	1.0021	0.0372	0.9991	0.0317	0.9992	0.0179	0.9991	0.0184	1.0007	0.0508
2013	0.9998	0.0419	1.0030	0.0244	0.9968	0.0471	0.9981	0.0254	0.9995	0.0171	0.9994	0.0736
2014	1.0001	0.0248	1.0013	0.0228	0.9989	0.0310	0.9989	0.0227	0.9998	0.0065	1.0009	0.0308
2015	0.9999	0.0328	1.0021	0.0172	0.9978	0.0431	0.9984	0.0394	0.9998	0.0047	0.9996	0.0371
2016	1.0008	0.0174	0.9987	0.0185	1.0021	0.0251	0.9993	0.0182	0.9996	0.0094	1.0032	0.0440
2017	1.0008	0.0318	0.9971	0.0284	1.0038	0.0448	0.9980	0.0264	0.9996	0.0103	1.0062	0.0703
2018	1.0012	0.0275	0.9978	0.0146	1.0035	0.0294	0.9983	0.0224	0.9998	0.0075	1.0054	0.0497
2019	1.0013	0.0195	0.9779	0.0966	1.0252	0.1030	0.9979	0.0218	0.9990	0.0105	1.0285	0.1197

注：MI 代表长江经济带绿色经济效率，EC 代表长江经济带绿色经济综合技术效率，TC 代表长江经济带绿色经济技术进步，OBTC 代表长江经济带绿色经济产出偏向型技术进步，IBTC 代表长江经济带绿色经济投入偏向型技术进步，MATC 代表长江经济带绿色经济中性技术进步。

4.3.1.2　长江经济带中游地区分析

长江经济带中游地区绿色经济效率及其分解效应结果如表 4.5 所示。样本数据范围内，长江经济带中游绿色经济效率均值为 1.0028，为 DEA 有效。分解看，综合技术效率变化均值为 0.9979，技术进步均值为 1.0051。可知，中游地区绿色经济效率的提升主要受制于技术进步因素。其中，产出偏向技术进步均值为 0.9961，投入偏向技术进步均值为 0.9987，中性技术进步 MATC 均值为 1.0105。

明显可知，中性技术进步对技术的影响作用大于产出偏向的技术进步和投入偏向的技术进步。

表 4.5 长江经济带中游地区绿色经济效率测算结果

年份	MI		EC		TC		OBTC		IBTC		MATC	
	均值	极差	均值	极差	均值	极差	均值	极差	均值	极差	均值	极差
2001	1.0118	0.0638	1.0020	0.0417	1.0098	0.0576	0.9902	0.0441	0.9966	0.0209	1.0236	0.0964
2002	1.0043	0.0680	1.0052	0.0608	0.9991	0.0408	0.9965	0.0307	0.9983	0.0268	1.0044	0.0815
2003	0.9979	0.0801	0.9970	0.0795	1.0012	0.1134	0.9914	0.0468	1.0007	0.0218	1.0094	0.1172
2004	0.9971	0.0238	1.0071	0.0658	0.9902	0.0584	0.9970	0.0185	0.9959	0.0212	0.9973	0.0554
2005	1.0003	0.0361	1.0011	0.0356	0.9992	0.0286	0.9985	0.0221	0.9993	0.0067	1.0014	0.0531
2006	1.0008	0.0175	1.0036	0.0246	0.9973	0.0258	0.9987	0.0098	0.9992	0.0100	0.9994	0.0365
2007	1.0028	0.0301	0.9886	0.0544	1.0146	0.0725	0.9981	0.0159	0.9980	0.0216	1.0186	0.0901
2008	1.0047	0.0381	1.0046	0.0662	1.0003	0.0664	0.9990	0.0142	0.9987	0.0126	1.0026	0.0807
2009	1.0018	0.0305	1.0071	0.0346	0.9949	0.0344	0.9990	0.0187	0.9984	0.0148	0.9975	0.0458
2010	1.0030	0.0211	0.9978	0.0265	1.0052	0.0401	0.9973	0.0173	0.9994	0.0035	1.0087	0.0559
2011	0.9975	0.0391	0.9964	0.0352	1.0012	0.0548	0.9960	0.0252	0.9970	0.0262	1.0084	0.0858
2012	1.0028	0.0561	0.9979	0.0353	1.0050	0.0639	0.9965	0.0397	0.9986	0.0115	1.0100	0.1105
2013	0.9990	0.0370	1.0025	0.0305	0.9966	0.0462	0.9972	0.0365	0.9990	0.0136	1.0004	0.0433
2014	1.0025	0.0213	0.9992	0.0209	1.0033	0.0285	0.9974	0.0198	0.9995	0.0040	1.0065	0.0448
2015	0.9998	0.0184	1.0008	0.0264	0.9991	0.0274	0.9996	0.0172	0.9996	0.0056	1.0014	0.0273
2016	1.0144	0.0615	0.9961	0.0160	1.0183	0.0647	0.9873	0.0516	0.9993	0.0062	1.0326	0.1201
2017	1.0076	0.0362	1.0005	0.0262	1.0071	0.0482	0.9931	0.0324	0.9997	0.0075	1.0146	0.0740
2018	1.0035	0.0330	0.9993	0.0213	1.0042	0.0472	0.9978	0.0257	0.9995	0.0056	1.0070	0.0658
2019	1.0011	0.0435	0.9537	0.1012	1.0508	0.1339	0.9970	0.0278	0.9994	0.0112	1.0548	0.1655

注：MI 代表长江经济带绿色经济效率，EC 代表长江经济带绿色经济综合技术效率，TC 代表长江经济带绿色经济技术进步，OBTC 代表长江经济带绿色经济产出偏向型技术进步，IBTC 代表长江经济带绿色经济投入偏向型技术进步，MATC 代表长江经济带绿色经济中性技术进步。

4.3.1.3 长江经济带下游地区分析

长江经济带下游地区绿色经济效率及其分解效应结果如表 4.6 所示。样本数据范围内，长江经济带下游 MI 均值为 1.0016，为 DEA 有效。分解看，综合技术效率变化 EC 均值为 0.9982，技术进步 TC 均值为 1.0038。可知，下游地区同中上游地区一样，经济效率的提升主要受技术进步的正向作用。同时，产出偏向技术进步 OBTC 均值为 0.9985，投入偏向技术进步 IBTC 均值为 0.9996，中性技术进步 MATC 均值为 1.0058。中性技术进步 MATC 值大于投入偏向技术进步 IBTC，大于产出偏向技术进步 OBTC。下游地区同中上游地区一样，其绿色经济效率的提升主要依赖于中性技术进步的正向作用。

表 4.6　长江下游绿色经济效率整体情况

年份	MI		EC		TC		OBTC		IBTC		MATC	
	均值	极差	均值	极差	均值	极差	均值	极差	均值	极差	均值	极差
2001	1.0062	0.0245	1.0030	0.0202	1.0032	0.0272	0.9988	0.0201	0.9979	0.0177	1.0066	0.0407
2002	1.0044	0.0390	1.0013	0.0300	1.0031	0.0241	0.9982	0.0294	0.9991	0.0094	1.0059	0.0511
2003	0.9977	0.0519	0.9772	0.0822	1.0215	0.0654	0.9983	0.0526	1.0040	0.0264	1.0192	0.0839
2004	0.9998	0.0123	1.0121	0.0817	0.9883	0.0780	0.9993	0.0145	0.9983	0.0257	0.9907	0.0798
2005	0.9990	0.0256	1.0008	0.0256	0.9982	0.0212	0.9991	0.0094	0.9995	0.0082	0.9997	0.0254
2006	1.0007	0.0203	1.0018	0.0292	0.9989	0.0358	0.9988	0.0170	0.9999	0.0065	1.0002	0.0363
2007	1.0008	0.0162	0.9890	0.0625	1.0120	0.0594	0.9984	0.0113	1.0000	0.0054	1.0136	0.0666
2008	1.0021	0.0196	0.9983	0.0600	1.0039	0.0642	0.9980	0.0141	0.9995	0.0082	1.0065	0.0564
2009	1.0015	0.0159	1.0170	0.0459	0.9848	0.0421	0.9991	0.0150	0.9993	0.0139	0.9865	0.0539
2010	1.0021	0.0314	0.9993	0.0202	1.0028	0.0219	0.9981	0.0113	0.9998	0.0032	1.0049	0.0290
2011	1.0039	0.0221	1.0001	0.0237	1.0038	0.0358	0.9980	0.0178	0.9979	0.0119	1.0079	0.0461
2012	1.0012	0.0090	0.9976	0.0545	1.0038	0.0579	0.9991	0.0088	0.9998	0.0038	1.0049	0.0626
2013	1.0012	0.0324	1.0031	0.0501	0.9982	0.0305	0.9996	0.0093	0.9984	0.0140	1.0003	0.0430
2014	0.9998	0.0136	1.0003	0.0252	0.9995	0.0183	0.9990	0.0124	0.9993	0.0115	1.0013	0.0275
2015	1.0011	0.0186	1.0000	0.0208	1.0011	0.0240	0.9991	0.0110	0.9997	0.0089	1.0024	0.0364
2016	1.0068	0.0460	1.0005	0.0224	1.0063	0.0338	0.9939	0.0438	0.9997	0.0030	1.0131	0.0769
2017	1.0013	0.0314	1.0000	0.0252	1.0013	0.0257	0.9982	0.0161	0.9998	0.0046	1.0034	0.0356
2018	1.0007	0.0172	0.9977	0.0165	1.0031	0.0181	0.9993	0.0106	0.9996	0.0042	1.0042	0.0228
2019	1.0004	0.0564	0.9659	0.1428	1.0375	0.1131	0.9983	0.0233	1.0005	0.0305	1.0389	0.1312

注：MI 代表长江经济带绿色经济效率，EC 代表长江经济带绿色经济综合技术效率，TC 代表长江经济带绿色经济技术进步，OBTC 代表长江经济带绿色经济产出偏向型技术进步，IBTC 代表长江经济带绿色经济投入偏向型技术进步，MATC 代表长江经济带绿色经济中性技术进步。

4.3.2 分城市绿色经济效率空间变化

长江经济带不同流域、不同城市圈和城市群的城市绿色经济效率及其相关空间差异如图 4.2 所示。

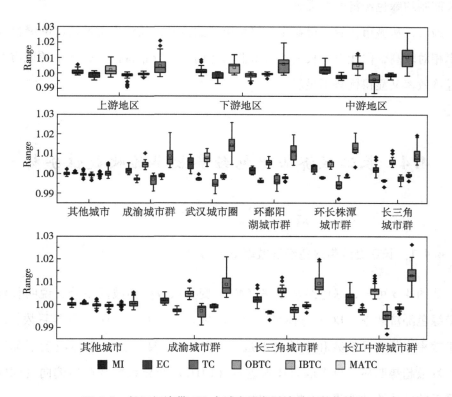

图 4.2 长江经济带 108 个城市绿色经济效率整体情况

首先，从上中下游地区看，城市绿色经济效率表现为下游地区（1.0015）>中游地区（1.0014）>上游地区（1.0008），且上游地区城市间的绿色经济效率差异小于中、下游地区。与绿色经济效率不同，绿色经济技术进步呈现出"中游地区>下游地区>上游地区"的"U"形结构，说明中部地区绿色经济效率的追赶趋势非常强劲，但中游绿色经济中性技术进步和产出偏向技术进步在城市间差距较大，这也许是导致其绿色经济效率提升受限的原因。

其次，从城市圈看，总体而言，武汉城市圈的绿色经济效率最高，与之对应同样处于排名第一的为其绿色经济技术进步和中性技术进步，验证了前文指出的中性技术进步通过推动绿色经济技术进步进而实现绿色经济效率提升的结论，但武汉城市圈城市内部中性技术进步差距较大，这是后期需要重点关注的，以防止其长期制约绿色经济效率提升。

最后，从城市群看，得益于武汉城市群的贡献，长江中游城市群的绿色经济效率相对较高，但相对于长三角城市群总体向上的分布特征，长江中游城市群绿色经济效率又显得优势不足。

4.4　长江经济带绿色经济效率的收敛性分析

4.4.1　长江经济带绿色经济效率 σ 收敛分析

从图4.3可知，绿色经济效率（MI）变异系数整体波动下降，说明长江经济带绿色经济效率（EC）整体呈现为 σ 收敛。技术进步（TC）变异系数、综合技术效率变化变异系数和中性技术进步（MATC）变异系数整体波动下降后上升，发散趋势明显。投入偏向技术进步（IBTC）变异系数和产出偏向（OBTC）变异系数整体波动下降，σ 收敛明显。

从图4.4可知，绿色经济效率变异系数整体波动下降，说明长江经济带绿色经济效率整体呈现明显的空间 σ 收敛，绿色经济效率受到周边邻近城市的较大影响。同时，技术进步变异系数、综合技术效率变化变异系数、投入偏向技术进步变异系数、产出偏向变异系数以及中性技术进步变异系数整体波动下降，进一步验证了长江经济带绿色经济效率整体呈现明显的空间 α 收敛趋势。

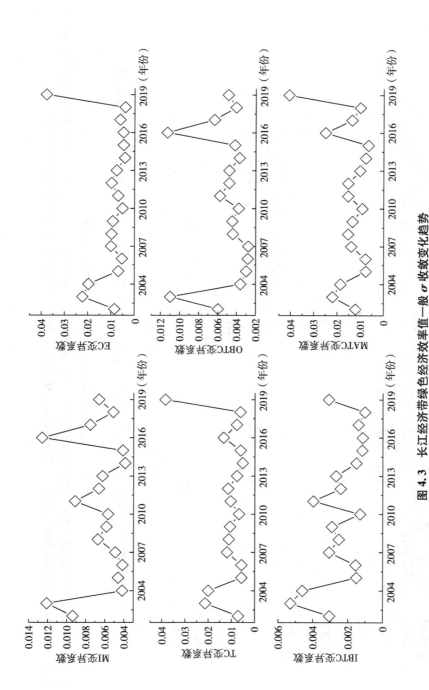

图 4.3　长江经济带绿色经济效率值一般 σ 收敛变化趋势

注：MI 代表长江经济带绿色经济效率，EC 代表长江经济带绿色经济综合技术效率，TC 代表长江经济带绿色经济技术进步，OBTC 代表长江经济带绿色经济产出偏向技术进步，IBTC 代表长江经济带绿色经济投入偏向技术进步，MATC 代表长江经济带绿色经济中性技术进步。

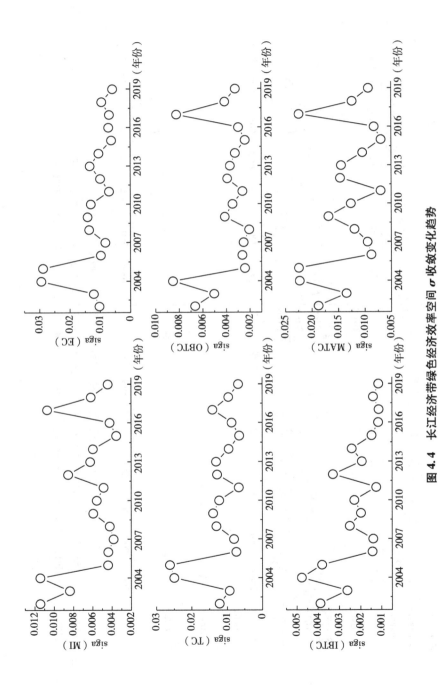

图 4.4 长江经济带绿色经济效率空间 σ 收敛变化趋势

注：MI 表示长江经济带绿色经济效率，EC 代表长江经济带绿色经济效率，TC 表示长江经济带绿色经济综合技术效率，OBTC 代表长江经济带绿色经济技术进步，MATC 代表长江经济带绿色经济中性技术进步，IBTC 代表长江经济带绿色经济投入偏向型技术进步，OBTC 代表长江经济带绿色经济产出偏向型技术进步。

4.4.2 长江经济带绿色经济效率 β 收敛分析

参考第 3 章对长江经济带科技创新水平的时空分异收敛分析步骤，本节使用同样的收敛性分析方法研究长江经济带绿色经济效率的分异规律。表 4.7 的收敛性分析结果显示，绝对 β 系数为负，且通过了 1% 显著性检验，说明长江经济带绿色经济效率整体绝对 β 收敛。同时，表 4.8 表明空间 β 系数为负，且通过了 1% 显著性检验，说明长江经济带绿色经济效率存在空间 β 收敛，绿色经济效率会受到相邻省份绿色经济效率的辐射作用。

表 4.7　长江经济带绿色经济效率绝对 β 收敛估计

变量	(1)	(2)	(3)	(4)	(5)	(6)
	OLS	FE	RE	上游	中游	下游
滞后 1 期	−0.859***	−0.926***	−0.859***	−0.931***	−0.879***	−0.879***
	(0.0209)	(0.0219)	(0.0209)	(0.0422)	(0.0361)	(0.0381)
Constant	0.860***	0.928***	0.860***	0.932***	0.881***	0.880***
	(0.0210)	(0.0219)	(0.0210)	(0.0423)	(0.0362)	(0.0382)
Obs	2052	2052	2052	608	684	760
R−squared	0.464	0.494		0.569	0.492	0.439

注：括号内代表标准误；*、**、***分别表示在 10%、5%、1% 显著性水平下显著。

4.4.3 长江经济带绿色经济效率俱乐部收敛分析

沿用 3.2.3.3 节的俱乐部收敛方法，本章估计了长江经济带绿色经济效率总指数 MI 的俱乐部收敛估计结果，如表 4.9 所示。

其中，俱乐部 Ⅰ 包括安庆市、安顺市、巴中市、蚌埠市、保山市；俱乐部 Ⅱ 包括毕节市、亳州市、常德市、常州市、郴州市；俱乐部 Ⅲ 包括成都市、池州市、滁州市；俱乐部 Ⅳ 包括达州市、德阳市、鄂州市、抚州市、阜阳市、赣州市、广安市、广元市、贵阳市、杭州市、合肥市、衡阳市、湖州市；俱乐部 Ⅴ 包

表4.8 长江经济带绿色经济效率空间β收敛估计

	SEM		SAR		SDM			SLM		SAC	
	Main	Spatial	Main	Spatial	Main	W×MI	Spatial	Main	Spatial	Main	Spatial
滞后1期	-0.940***		-0.903***		-0.942***	1.917***		-0.940***		-0.921***	
	(-0.0215)		(-0.0213)		(-0.0215)	(-0.244)		(-0.0215)		(-0.0217)	
lambda		1.816***							1.816***		2.542***
		(-0.17)							(-0.17)		(-0.138)
rho				0.938***			1.800***				-1.382***
				(-0.146)			(-0.171)				(-0.231)
Hausman test	74.06***		64.22***		446.15***			74.06***			
Obs	2052	2052	2052	2052	2052	2052	2052	2052	2052	2052	2052
R-squared	0.464	0.464	0.005	0.005	0.011	0.011	0.011	0.464	0.464	0.005	0.005

注：括号内代表标准误；*、**、***分别表示在10%、5%、1%显著性水平下显著。

表4.9 长江经济带绿色经济效率指数的俱乐部收敛检验估计结果

初始类型	合并检验										最终类型
	Club1+2	Club2+3	Club3+4	Club4+5	Club5+6	Club6+7	Club7+8	Club8+9	Club9+10	Club10+Group11	
类型1 [5]	0.9726										Club1 0.9671
类型2 [5]		-0.5275									Club2 1.1027
类型3 [3]			-0.2983								Club3 -0.2465
类型4 [13]				-0.4921							Club4 0.5860
类型5 [4]					-0.7825						Club5 -1.0878
类型6 [66]						-0.3212					Club6 -0.0649
类型7 [4]							-0.7511				Club7 0.1507
类型8 [2]								-1.8801			Club8 -2.1738
类型9 [2]									-2.1509		Club9 -2.9884
类型10 [2]										-5.336*** (-4.957)	Club10 2.3431
N	10	8	16	17	70	70	6	4	4	4	

注：括号中为t统计量，未列示t统计量的估计量的估计结果均不显著。方括号中为俱乐部收敛类型的决策单元个数，N代表合并检验的决策单元个数。Club1~Club10分别对应文中俱乐部 I ~ X。

括怀化市、淮安市、淮北市、淮南市；俱乐部Ⅵ包括黄冈市、黄山市、黄石市、吉安市、嘉兴市、金华市、荆门市、荆州市、景德镇市、九江市、昆明市、乐山市、丽江市、丽水市、连云港市、临沧市、六安市、六盘水市、娄底市、泸州市、马鞍山市、眉山市、绵阳市、南昌市、南充市、南京市、南通市、内江市、宁波市、攀枝花市、萍乡市、普洱市、曲靖市、衢州市、上饶市、邵阳市、绍兴市、十堰市、苏州市、宿迁市、宿州市、随州市、遂宁市、台州市、泰州市、铜陵市、铜仁市、温州市、无锡市、芜湖市、武汉市、咸宁市、湘潭市、襄阳市、孝感市、新余市、徐州市、宣城市、雅安市、盐城市、扬州市、宜宾市、宜昌市、宜春市、益阳市、鹰潭市；俱乐部Ⅶ包括永州市、玉溪市、岳阳市、张家界市；俱乐部Ⅷ包括长沙市、昭通市；俱乐部Ⅸ包括镇江市、舟山市；俱乐部Ⅹ包括株洲市、资阳市。

4.5　本章小结

本章通过应用改进的 Meta-frontier Malmquist 指数法测算，实证测算长江经济带绿色经济效率水平，并具体分析其在长江经济带的整体演变规律、空间分布差距，并开展了相关收敛性分析，主要结论包括：

第一，样本期内，长江经济带绿色经济效率投入产出总体是 DEA 有效的，在既定的经济要素和能源投入下实现了最优的产出规模。

第二，从指数分解的角度看，长江经济带整体、上中下游绿色经济效率的提升主要受到技术进步 TC 的正向影响，中性技术进步 MATC 带来的技术进步贡献大于投入偏向技术进步 IBTC 和产出偏向技术进步 OBTC。

第三，长江下游地区的绿色经济效率整体高于中游，高于上游地区，部分城市绿色经济效率发展仍然处于发展比较缓慢的状态，导致长江经济带各城市间绿色经济效率的差距存在持续拉大的趋势，而绿色经济效率的"区域鸿沟"制约了长江经济带绿色经济产出效率的提升。

第四，长江经济带绿色经济效率整体呈现明显的 σ 收敛和空间 σ 收敛，绝对 β 收敛和空间 β 收敛显著，绿色经济效率会受到相邻省份的较大辐射作用。同时，根据俱乐部收敛聚类的结果来看，长江经济带 108 个城市形成了 10 个俱乐部。

5 长江经济带科技创新与绿色经济效率动态关系检验

基于本书第 2 章中区域科技创新对绿色经济效率影响的理论分析，在分别研究长江经济带科技创新与绿色经济效率现状基础上，本章通过构建面板向量自回归模型（PVAR），验证科技创新与绿色经济效率的关系，以此确定长江经济带科技创新是否能够成为绿色经济效率的有效驱动。

5.1 模型构建及变量选取

一般而言，主要采用两种方法处理变量内生性带来的估计偏差问题：一是利用联立方程组分别估计以科技创新和绿色经济效率为被解释变量的两个方程；二是运用向量自回归（VAR）模型分析科技创新和绿色经济效率的双向动态作用机制。VAR 模型受到既有理论的约束相比于联立方程模型少，也可以对科技创新和绿色经济效率的相互影响进行动态分析（彭水军和包群，2006）。鉴于此，利用 2001~2019 年中国长江经济带 108 个城市面板数据，构建科技创新和绿色经济效率的面板 VAR 模型，并采用近几年发展起来的基于面板数据的单位根检验、格兰杰因果检验、脉冲响应函数和面板 VAR 方法，分析科技创新和绿色经济效率之间的内在依存和因果关系。

VAR 模型由西蒙斯在 20 世纪 80 年代提出，其最大特点是不需要区分模型中的变量是内生的还是外生的，而是将所有变量均看作内生变量，通过内生变量与相关的滞后项比较，真实地呈现变量间的互动关系。本书采用面板 VAR 方法分析科技创新和绿色经济效率间的关系，由于其放松了对时间序列平稳性的假设，可以更加精确地对向量自回归进行估计，在各学科得到广泛的应用。此外，面板 VAR 继承了传统 VAR 模型和面板数据的综合优势，该模型通过脉冲响应分析进一步探究变量间样本外的动态关系，进而分离出一个内生变量受其他变量冲击的响应程度，因此，本书选取面板 VAR 模型分析长江经济带科技创新和绿色经济效率之间的动态关系，与此同时，对面板 VAR 模型采用广义矩估计方法（Generalized Method of Moments，GMM）得到相对具有较强稳健性的估计结果，提高分析的可靠性。

5.1.1 滞后阶数的选取

在正式估计面板 VAR 模型前，必须确定滞后阶数 p。基于 Hansen（1982）的过度识别 J 统计量，Andrews 和 Lu（2001）提出了针对 GMM 估计一致的矩和模型筛选准则（MMSC）。这些矩和模型筛选准则类似于常用的基于极大似然估计的 Akaike 信息准则，Bayesian 信息准则和 Hannan – Quinn 信息准则。对应的 MMSC 如下：

$$MMSC_{BIC,n}(k, p, q) = J_n(k^2p, k^2q) - (|q| - |p|)k^2 \ln n \tag{5.1}$$

$$MMSC_{AIC,n}(k, p, q) = J_n(k^2p, k^2q) - 2k^2(|q| - |p|) \tag{5.2}$$

$$MMSC_{HQIC,n}(p, q) = J_n(k^2p, k^2q) - Rk^2(|q| - |p|) \ln n, \ R>2 \tag{5.3}$$

式中，$J_n(k, p, q)$ 是对 k 个内生变量的 p 阶面板 VAR 模型的过度识别 J 统计量，对应的矩条件为内生变量的滞后 q 阶。同时，n 表示样本量的大小。当上述信息准则取值较小时，模型是相对较为合适的。需要注意的是，只有当 q>p 时，上述信息准则才可计算。作为替代，尤其是当模型恰足识别时，即 q=p，我们采用整体可决系数（overall Coefficient of Determination，CD）。假定 k×k 阶内生变量的无约束协方差矩阵为 Ψ，则 CD 表示面板 VAR 模型可解释的变异比例，可通过式 5.4 计算得到：

$$CD = 1 - \frac{\det(\sum)}{\det(\Psi)} \tag{5.4}$$

5.1.2 面板 VAR 模型的 GMM 估计

考虑包含如下 k 个内生变量的 p 阶滞后面板 VAR 模型：

$$Y_{it} = Y_{it-1}A_1 + Y_{it-2}A_2 + \cdots + Y_{it-p+1}A_{p-1} + Y_{it-p}A_p + X_{it}B + u_i + e_{it} \tag{5.5}$$

式中，Y_{it} 是由 k 个内生变量构成的 $1 \times k$ 维向量；X_{it} 是由 l 个外生变量构成的 $1 \times l$ 维向量；u_i 和 e_{it} 分别表示 $1 \times k$ 维的个体效应和扰动项；$i \in \{1, 2, \cdots, N\}$，$t \in \{1, 2, \cdots, T_i\}$。$A_1$，$A_2$，$\cdots$，$A_{p-1}$，$A_{p-2}$ 均为 $(k \times k)$ 维内生变量的待估系数矩阵，而 B 则为 $(l \times k)$ 维外生变量的待估系数矩阵。同时，假定 $E[e_{it}] = 0$，$E[e'_{it}e_{it}] = \sum$ 和 $E[e'_{it}e_{is}] = 0$ 对于所有 $t > s$。

由于式（5.5）右侧纳入了内生变量的滞后期，从而导致采用传统的固定效应或最小二乘法估计均会产生有偏估计，即使是 N 很大的情况。虽然随着 T 的增大偏误会趋于 0，但 Judson 和 Owen（1999）的模拟结果表明即使 T=30，偏误仍然显著。

针对式（5.5），学者提出了一系列基于 GMM 的估计式，以获取一致性估计量。这里，由于"一阶差分法"会导致非平衡面板下的样本损失和引入序列相关等问题，实践中广泛采用 Bover 和 Arellano（2002）建议的"前向均值差分法"以去除个体固定效应（若模型中包含时间效应，则采用"组内均值差分法"剔除时间效果）。其中，"前向"指对变量未来各期取平均。此时，由于差分过程中仅纳入了未来期的信息，因而滞后各期可作为工具变量以进行联立 GMM 估计，从而在保证估计量一致性的前提下提升有效性。

给定行向量 Z_{it} 为包含 L 个工具变量的共同集合，其中 $L \geqslant kp+l$，且 $X_{it} \in Z_{it}$。式（5.5）经"前向均值差分法"后，可表示如下：

$$Y_{it}^* = \overline{Y_{it}^*}A + e_{it}^* \tag{5.6}$$

$$Y_{it}^* = \begin{bmatrix} y_{it}^{1*} & y_{it}^{2*} & \cdots & y_{it}^{k-1*} & y_{it}^{k*} \end{bmatrix} \qquad (5.7)$$

$$\overline{Y_{it}^*} = \begin{bmatrix} Y_{it-1}^* & Y_{it-2}^* & \cdots & Y_{it-p+1}^* & Y_{it-p}^* & X_{it}^* \end{bmatrix} \qquad (5.8)$$

$$e_{it}^* = \begin{bmatrix} e_{it}^{1*} & e_{it}^{2*} & \cdots & e_{it}^{k-1*} & e_{it}^{k*} \end{bmatrix} \qquad (5.9)$$

$$A = \begin{bmatrix} A'_1 & A'_2 & \cdots & A'_{P-1} & A'_P & B' \end{bmatrix} \qquad (5.10)$$

式中，＊表示原始变量经过"前向均值差分法"变换。例如，对于原始变量 m_{it}，则"一阶差分法"变换为 $m_{it}^* = m_{it} - m_{it-1}$，对应的"前向均值差分法"为 $m_{it}^* = (m_{it} - \overline{m_{it}}) \sqrt{T_{it} / (T_{it} + 1)}$，其中，$T_{it}$ 是截面 i 在 t 期所有未来观测值的个数，而 $\overline{m_{it}}$ 则是对应的平均值。将经过转换后的数据按照先截面后时间的方式进行堆放，则对应的 GMM 估计量为：

$$A = (\overline{Y^*}' Z \times \hat{W} \times Z' \overline{Y^*})^{-1} (\overline{Y^*}' Z \times \hat{W} \times Z' Y^*) \qquad (5.11)$$

式中，$\hat{W}$ 为（l×l）半正定权重矩阵。假定 $E \lceil Z'e \rceil = 0$ 且秩 $E \lceil \overline{Y^*}' Z \rceil = kp+l$，则 GMM 估计量是一致的。我们可以选择权重矩阵 $\hat{W}$ 以获得有效的 GMM 估计量。系统方程的联合估计使得跨方程检验成为可能性。基于 GMM 估计量 A 及其协方差矩阵，可以对参数进行 Wald 检验。类似地，可以进行格兰杰因果检验，即检验变量 m 的滞后期对变量 n 的未来值进行预测有无帮助。

5.1.3 脉冲响应

不失一般性，本章将式（5.5）的外生变量先剔除以更好关注面板 VAR 模型的自回归过程。VAR 模型平稳的条件是伴随矩阵 $\overline{A}$ 的单位根小于 1，其中伴随矩阵 $\overline{A}$ 如下：

$$\overline{A} = \begin{bmatrix} A_1 & A_2 & \cdots & A_{P-1} & A_P \\ I_K & 0_K & \cdots & 0_K & 0_K \\ 0_K & I_K & \cdots & 0_K & 0_K \\ \vdots & \vdots & \ddots & \vdots & \vdots \\ 0_K & 0_K & \cdots & I_K & 0_K \end{bmatrix} \qquad (5.12)$$

平稳意味着存在可逆矩阵，且面板 VAR 模型可以转化为无穷阶向量移动平均（VMA（∞）），进而可以估计脉冲响应函数（IRFs）和方差分解（FEVDs）。简单的脉冲响应函数 Φ_i 通过将面板 VAR 模型改写为无穷阶向量移动平均过程进行计算，对应的公式如下：

$$\Phi_i = \begin{cases} I_K, & i = 0 \\ \sum_{j=1}^{i} \Phi_{t-i} A_j, & i = 1, 2, \cdots \end{cases} \tag{5.13}$$

虽然简单的脉冲响应函数不能进行"因果"阐释，但由于扰动项 e_{it} 同期相关，一个变量的冲击可能带来对其他变量的冲击。假定存在矩阵 P，且 $P'P = \sum$，则 P 可用于正交化扰动项为 $e_{it} P^{-1}$，且无穷阶向量移动平均的参数也可被转换为正交化的脉冲响应函数 $P\Phi_i$。借鉴对 $\sum$ 进行乔列斯基（Cholesky）分解方法（Björck 和 Duff，1980），即在 VAR 模型之上附加了一种"递归结构"。脉冲响应函数的置信区间可以通过面板 VAR 估计的渐进分布和跨方程的方差—协方差矩阵获得。此外，置信区间可以通过 Monte Carlo 模拟和 Bootstrap 重复抽样方法得到。

5.1.4　方差分解

向前 h 期的预测误差可写为：

$$Y_{it+h} - E[Y_{it+h}] = \sum_{i=0}^{h-1} e_{i(t+h-i)} \Phi_i \tag{5.14}$$

式中，Y_{it+h} 是时期 t+h 的观测向量，$E[Y_{it+h}]$ 是时间 t 向前 h 期的预测向量。类似于脉冲响应函数，我们采用矩阵 P 对冲击进行正交化，以分离出各个变量的贡献力度。正交化的冲击 $e_{it} P^{-1}$ 对应的协方差矩阵为 I_k，可便于对预测方差进行分解。具体地，变量 m 对于变量 n 的向前 h 期预测误差可被计算为：

$$\sum_{i=0}^{h-1} \theta_{mn}^2 = \sum_{i=1}^{h-1} (i'_n P\Phi_i i_m)^2 \tag{5.15}$$

式中，i_s 是矩阵 I_k 的第 s 列。实践中，变量 m 对于变量 n 的向前 h 期预测误差的贡献力度往往被标准化，以便于比较。

$$\sum_{i=0}^{h-1} \theta_n^2 = \sum_{i=1}^{h-1} i'_n \Phi'_i \sum \Phi_i i_n \tag{5.16}$$

同样地，方差分解的置信区间也可以通过渐近分布或 Monte Carlo 模拟和 Bootstrap 重复抽样方法得到。

5.1.5 模型设定及变量选取

基于上述原理阐释，构造如下关于长江经济带科技创新与绿色经济效率的面板 VAR 模型：

$$Y_{it} = Y_{it-1}A_1 + Y_{it-2}A_2 + \cdots + Y_{it-p}A_p + X_{it}B + u_i + \lambda_t + e_{it} \tag{5.17}$$

式中，Y_{it} 是由科技创新与绿色经济效率代理变量构成的向量。在接下来的各节中，分别采用与其标题相同的代理变量。其中，科技创新以科技创新得分进行度量，以 INNO 记。对应的指数测度方法详见第 3 章科技创新测度指标体系。绿色经济效率主要依据第 4 章的结果。

对应的数据来源于 2009~2018 年 EPS 数据库。X_{it} 为对应控制变量构成的向量；i 为长江经济带各省市的序列号；$Y_{i,t-p}$ 为被解释变量 Y_{it} 的滞后项，其中，p 表示选定的滞后期数；A_p 和 B 分别为被解释变量滞后项和控制变量对应的回归系数；u_i 为个体固定效应，λ_t 为时间固定效应；e_{it} 为随机误差项。由于模型中同时存在个体效应和被解释变量的滞后项，因此该模型为固定效应的动态面板模型，在具体估计中可以采用解释变量的滞后项作为工具变量，运用系统广义矩估计方法（系统 GMM 方法），并采用蒙特卡洛模拟法得到脉冲响应和方差分解的结果。

采用连玉君和程建（2007）提出的方法，为了去除时间效应影响，首先应用"组内均值差分法"，其次采用"前向均值差分法"去除个体效应，最后采用广义矩估计方法（GMM）获得一致估计量。通过构建面板 VAR 模型（PVAR）分析长江经济带科技创新和绿色经济效率之间的动态关系，各变量的整体、组间、组内描述性统计如表 5.1 所示。

表 5.1 变量描述性统计

变量名	变量缩写	N	均值	标准差	最小值	中位数	最大值
科技创新水平	TL	2052	55.6741	27.23	0.3413	55.63	99.66
人均科技创新水平	PT	2052	51.6336	30.28	0	52.05	99.66

续表

变量名	变量缩写	N	均值	标准差	最小值	中位数	最大值
单位面积科技创新水平	PST	2052	57.0207	26.09	3.4130	55.29	99.32
绿色经济效率	MI	2052	1.0018	0.0078	0.9592	1	1.057
绿色经济综合技术效率	EC	2052	0.9983	0.0156	0.8772	1	1.058
绿色经济技术进步水平	TC	2052	1.0037	0.0171	0.9431	1.0010	1.113
产出偏向型技术进步	OBTC	2052	0.9976	0.0060	0.9541	0.9996	1.02
投入偏向型技术进步	IBTC	2052	0.9992	0.0030	0.9750	0.9999	1.027
中性技术进步	MATC	2052	1.0069	0.0199	0.9458	1.0020	1.146

5.1.6　单位根检验

为避免非平衡时间序列导致模型出现伪回归现象。本书首先对面板 VAR 模型的内生变量进行单位根检验以确定样本是否为平稳面板数据。在得出长江经济带各省市科技创新和绿色经济效率水平的基础上，进而建立面板 VAR 模型分析各地区科技创新和绿色经济效率水平差异的成因，以进行更深一步的研究和探讨。参考 Hadri（2000）、赵梦楠和周德群（2008）的研究，本书主要选取hadrilm 方法进行异质性面板数据单位根检验。具体检验结果如表 5.2 所示。

表 5.2　面板数据单位根检验

变量	缩写	Homo	Hetero	SerDep
科技创新总水平	TL	34.452 *** (12.233)	28.105 *** (13.297)	13.391 *** (58.331)
人均科技创新水平	PT	49.418 *** (19.734)	38.952 *** (19.296)	13.725 *** (56.428)
单位面积科技创新水平	PST	58.601 *** (27.211)	44.354 *** (24.618)	13.649 *** (58.443)
绿色经济效率	MI	4.896 *** (3.156)	5.675 ** (2.173)	12.897 *** (55.475)
绿色经济综合技术效率	EC	2.327 * (1.9)	0.628 (-0.139)	15.085 *** (52.23)

变量	缩写	Homo	Hetero	SerDep
绿色经济技术进步水平	TC	6. 937 *** (4. 133)	4. 185 * (1. 833)	14. 299 *** (51. 04)
产出偏向型技术进步	OBTC	11. 346 *** (8. 802)	9. 657 *** (6. 582)	13. 257 *** (58. 579)
投入偏向型技术进步	IBTC	5. 811 *** (2. 927)	3. 918 (1. 132)	13. 571 *** (59. 774)
中性技术进步	MATC	9. 043 *** (5. 908)	5. 974 *** (3. 377)	13. 397 *** (50. 706)

注：上述结果根据 Stata 的 hadrilm 得到，括号中为 Z 统计量。* 、* * 、* * * 分别表示在 10%、5%、1%显著性水平下拒绝原假设。H0 表示时间序列是平稳的；Homo 表示同向干扰；Hetero 表示异向干扰。

通过相关单位根检验的结果可以发现，无论使用何种方法，科技创新和绿色经济效率均通过了平稳性检验，说明本书选取的科技创新和绿色经济效率变量是稳定的，并且，同时使用三种方法可以确保检验结果的准确性。因此，可以确定本书采用的面板 VAR 模型是稳定的，可以进行后续的格兰杰因果检验和脉冲响应函数分析。

5.2 长江经济带科技创新与绿色经济效率关系的检验结果

5.2.1 滞后阶数的选取

为更好地了解科技创新和绿色经济效率之间是否存在显著的因果关系，本书对各变量进行面板 VAR 模型框架下的格兰杰因果检验。通过面板格兰杰因果检验，可以分析出关于科技创新与绿色经济效率之间的具体的因果关系。面板格兰杰因果关系检验分析结果如表 5.3 所示。

表 5.3 长江经济带科技创新与绿色经济效率面板格兰杰因果检验结果

变量	滞后期	系数	标准误	Z 统计量		95%置信区间
h_EC	L1.	0.1058	0.1217	0.87	-0.1328	0.3443
	L2.	0.0174	0.1195	0.15	-0.2168	0.2517
	L3.	-0.0877	0.1179	-0.74	-0.3187	0.1433
	L4.	-0.2424	0.1291	-1.88*	-0.4954	0.0106
h_TC	L1.	1.2886	0.1549	8.32***	0.9851	1.5922
	L2.	-0.0116	0.1478	-0.08	-0.3012	0.2781
	L3.	0.4789	0.1498	3.2***	0.1852	0.7726
	L4.	0.1738	0.1507	1.15	-0.1216	0.4691
h_OBTC	L1.	2720.0600	1124.6310	2.42**	515.8239	4924.2960
	L2.	-2377.7540	1058.0500	-2.25**	-4451.4940	-304.0132
	L3.	-5116.9660	773.7241	-6.61***	-6633.4370	-3600.4940
	L4.	732.5697	924.6147	0.79	-1079.6420	2544.7810
h_IBC	L1.	-2789.3450	1156.3380	-2.41**	-5055.7260	-522.9641
	L2.	2355.4180	1064.3080	2.21**	269.4127	4441.4230
	L3.	5135.6610	780.9126	6.58***	3605.1000	6666.2210
	L4.	-775.6543	924.3813	-0.84	-2587.4080	1036.1000
h_MATC	L1.	-6033.7220	2228.0150	-2.71**	-10400.5500	-1666.8930
	L2.	8943.9400	1412.9330	6.33***	6174.6420	11713.2400
	L3.	10778.7300	1630.9660	6.61***	7582.0930	13975.3600
	L4.	-5170.9040	2332.5300	-2.22**	-9742.5790	-599.2297
h_Total	L1.	3619.5430	1769.2030	2.05**	151.9685	7087.1180
	L2.	-6853.6920	1054.1350	-6.5***	-8919.7590	-4787.6240
	L3.	-5785.6650	1383.2030	-4.18***	-8496.6930	-3074.6370
	L4.	4373.7080	1989.4450	2.2**	474.4672	8272.9480
h_Pertotal	L1.	3728.2190	1709.3280	2.18**	377.9975	7078.4410
	L2.	-6605.3110	1052.1050	-6.28***	-8667.3990	-4543.2240
	L3.	-6118.2760	1337.4790	-4.57***	-8739.6860	-3496.8660
	L4.	4097.6220	1970.9320	2.08**	234.6653	7960.5780
h_Sizetotal	L1.	3360.2480	1700.5090	1.98**	27.3111	6693.1850
	L2.	-6503.7400	1008.8090	-6.45***	-8480.9700	-4526.5100
	L3.	-5702.6410	1321.4310	-4.32***	-8292.5980	-3112.6840
	L4.	4269.4300	1944.3260	2.2**	458.6205	8080.2400

注: *、**、***分别表示在10%、5%、1%显著性水平下显著;h_表明该变量已进行 helmert 转换;L1~L4 为其滞后阶数。

格兰杰因果检验结果表明，长江经济带科技创新和绿色经济效率是单向的因果关系。即从数据关系看，长江经济带科技创新显著带动了绿色经济效率，而绿色经济总体效率未能显著促进科技创新水平的提高。这一结果验证了长江经济带科技创新是绿色经济效率的驱动力。

为了进一步确保估计参数的有效性，需要对面板 VAR 模型的最优滞后阶数进行测算。由于本书的研究样本为长江经济带各城市逐年数据，数据频数较小，因此并不适合选择过多的滞后阶数。为了确保在最小信息量下就获得最优滞后阶数，我们结合 BIC 准则进行判定，结果如表 5.3 所示，在滞后期为第 4 期时，BIC 准则是最优的，故本书研究选择的最大滞后阶数为 $p=4$。

5.2.2 面板 VAR 模型的 GMM 估计

估计面板 VAR 模型时通常需要先消除样本中的固定效应，在选择了最优滞后阶数的基础上，本书采用 Helmert 转换的向前均值差分方法以消除样本中的个体效应，然后利用 GMM 估计拟合出面板 VAR 模型参数。面板 VAR 估计结果如表 5.4 所示，从估计结果中可以看出：以科技创新作为被解释变量，当科技创新和绿色经济效率处于一阶滞后时，无论解释变量是科技创新还是绿色经济效率，对科技创新的作用都是不显著的；二阶滞后时，无论是科技创新还是绿色经济效率，系数变为正值，但依然不显著；三阶滞后时，科技创新在 1% 的水平上显著提高了科技创新水平，但产业升级对科技创新的推动作用不显著；四阶滞后时，系数变为负值，科技创新显著降低了科技创新水平，而绿色经济效率对科技创新的作用不显著。以绿色经济效率作为被解释变量时，无论解释变量是科技创新还是绿色经济效率，对绿色经济效率的作用都是不显著的；二阶滞后时，科技创新在 1% 的水平上显著促进了绿色经济效率，而绿色经济效率对自身的作用不显著；三阶滞后时，科技创新在 1% 的水平上显著降低了绿色经济效率，绿色经济效率对自身的作用不显著；四阶滞后时，科技创新对绿色经济效率的作用方向由负变为正，科技创新在 1% 的水平上显著促进了绿色经济效率，绿色经济效率对自身的作用依然不显著。

表 5.4　长江经济带科技创新对绿色经济整体效率的面板 VAR 参数估计结果

变量	滞后期	EQ1：h_Total		EQ3：h_MI		EQ3：h_EC	
		系数	t 统计量	系数	t 统计量	系数	t 统计量
h_Total	L1.	0.3642	6.5400***	0.0001	1.4495	−0.0001	−0.5472
h_MI	L1.	−12.1337	−0.2572	0.0578	1.0272	0.9667	9.3818***
h_EC	L1.	−36.9101	−2.3788**	−0.0534	−3.7407***	0.3334	9.5231***
h_Total	L2.	0.1601	4.2987***	0.0000	0.0806	0.0000	−0.7242
h_MI	L2.	7.5862	0.2248	0.1063	2.7058**	0.5203	7.5849***
h_EC	L2.	−5.3932	−0.3624	0.0165	1.1551	0.3833	11.0927***
h_Total	L3.	0.0711	2.2024**	0.0000	1.5096	0.0000	0.0692
h_MI	L3.	−29.3769	−0.9140	−0.0268	−0.9525	0.0215	0.3665
h_EC	L3.	21.4953	1.3024	0.0429	2.7463***	0.4135	11.5801***
h_Total	L4.	0.1101	3.7050***	0.0000	0.6159	0.0000	−0.4852
h_MI	L4.	−47.6809	−1.3515	0.0075	0.2136	0.4656	6.1343***
h_EC	L4.	22.2317	1.2578	0.0178	1.1143	0.3395	10.8588***

注：*、**、*** 分别表示在 10%、5%、1% 显著性水平下显著；h_ 表明该变量已进行 helmert 转换；L1～L4 为其滞后阶数。MI 表示长江经济带绿色经济效率，EC 代表长江经济带绿色经济综合技术效率。

5.2.3　脉冲响应

脉冲响应函数（IRF）通过正交化变换分析其他变量如何受到正交化新生的作用。Cholesky 分解是一种常用的正交化实现方法，它通过排列顺序分析前面变量影响后面变量及滞后项的机制。本书的 Cholesky 分解顺序是 Total、MI、EC，分析结果如图 5.1 所示。

由图 5.1 第一列可知，科技创新总水平对其自身的冲击影响总体上影响较大，由正向影响变为负向影响；绿色经济效率对科技创新总水平的影响较小，在前 4 期内波动较大，4 期之后波动趋向于 0；绿色经济综合技术效率对科技创新总水平的影响总体呈正向影响，在第 4 期后影响较大，但总体低于科技创新总水平对自身的影响。第二列的图显示，总体上科技创新水平对绿色经济效率的负向影响绝对值高于绿色经济效率对其自生的影响。第三列的图显示，科技创新水平对绿色技术进步的总体响应较高，且这种冲击呈现加强趋势。

5.2.4　方差分解

通过前面的脉冲响应图分析，能够在控制其他变量不变的情况下获得两变量

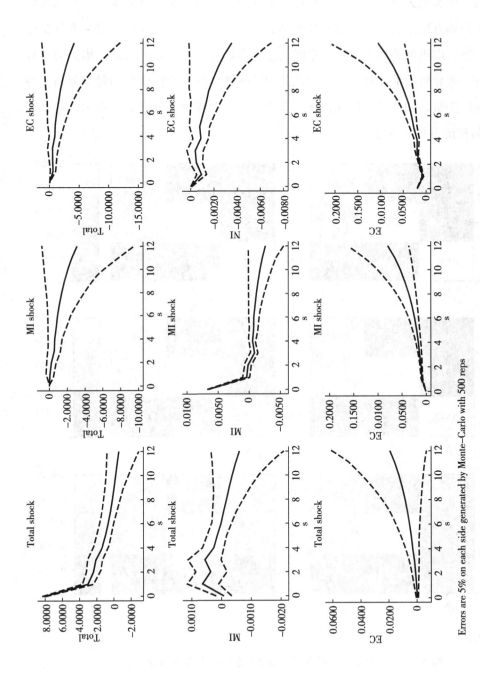

图 5.1 长江经济带科技创新对绿色经济整体效率的脉冲响应变化趋势

注: MI 表示长江经济带绿色经济效率, EC 表示长江经济带绿色经济综合技术效率。

之间的短期影响关系。为进一步解释两个变量之间的长期影响关系，本节采用预测误差分解方法进行分析。方差分解是通过分析每一个结构冲击对内生变量变化的贡献度，以更准确地衡量各变量间的相互影响程度。从数值上说，指标的解释力度与方差分解数值正相关。所以预测误差分解是脉冲响应函数的量化分析，有利于得出变量之间的具体解释程度。具体的方差分解结果如图 5.2 所示，包括前 30 期的预测方差分解结果。

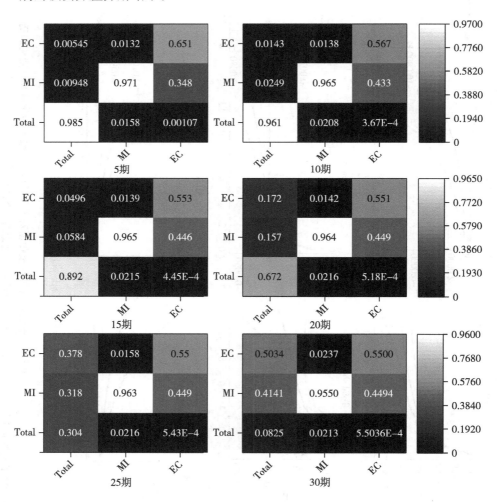

图 5.2　长江经济带科技创新对绿色经济整体效率的方差分解结果

注：MI 表示长江经济带绿色经济效率，EC 表示长江经济带绿色经济综合技术效率。

从方差分解的结果可以看出：对于科技创新而言，科技创新对自身冲击较大，但这种冲击总体上表现出随着滞后期数的增加而下降，在第 1 期，科技创新对自身的贡献率达到 9.85%，但在第 10 期，贡献率下降到 9.61%，比重仍然很大，而绿色经济效率对科技创新的贡献率呈现逐步提升的趋势，例如，在第 1 期，绿色经济效率对科技创新的贡献率仅为 0.0948%，但到第 10 期，贡献率为 0.249%；对于绿色经济效率而言，其结果类似于科技创新，随着滞后期数的增加，绿色经济效率对自身的贡献率越来越低，在第 1 期，对自身方差的贡献率达到 0.971%，在第 10 期下降为 0.965%，而科技创新对绿色经济效率的贡献率由第 1 期的 0.158% 增加到第 10 期的 0.208%。

5.3 长江经济带科技创新与绿色经济 技术进步水平关系的检验结果

5.3.1 面板 VAR 模型的 GMM 估计

长江经济带科技创新对绿色经济技术进步水平的面板 VAR 估计结果如表 5.5 所示。结果表明，对于科技创新总水平方程而言，滞后一期、滞后两期、滞后三期和滞后四期的科技创新在 1% 的水平下显著为正，从而表明科技创新与其本身存在较强的动态依存性。滞后一期科技创新每提升 10%，对应当期科技创新将提升约 3.433%；滞后两期科技创新每提升 10%，对应当期科技创新将提升约 1.458%；滞后三期科技创新每提升 10%，对应当期科技创新将提升约 0.650%；滞后四期科技创新每提升 10%，对应当期科技创新将提升约 1.049%。此外，滞后三期的绿色经济技术进步水平显著负向影响科技创新水平。对于 MI 方程，滞后一期的科技创新水平显著提高了绿色经济效率，从而表明科技创新水平能够在一定程度上提升绿色经济效率。滞后一期的科技创新水平每增加 10%，当期绿色经济效率会提升 0.01%。

表 5.5　长江经济带科技创新对绿色经济技术进步水平的面板 VAR 估计结果

变量	滞后期	EQ1：h_Total		EQ3：h_MI		EQ3：h_TC	
		系数	t 统计量	系数	t 统计量	系数	t 统计量
h_Total	L1.	0.3433	5.6464***	0.0001	1.7146*	−0.0004	−1.2262
h_MI	L1.	155.6860	0.8950	−0.2323	−1.5741	3.8024	3.7956***
h_TC	L1.	24.3674	1.4114	0.0670	4.4752***	0.0942	0.8950
h_Total	L2.	0.1458	3.5168***	0.0000	0.5711	−0.0003	−1.4697
h_MI	L2.	146.7809	1.1873	−0.0429	−0.4267	2.8218	3.8336***
h_TC	L2.	−14.2371	−0.6980	0.0046	0.2707	−0.1133	−0.9622
h_Total	L3.	0.0650	1.9444**	0.0000	1.6442	−0.0001	−0.7281
h_MI	L3.	86.6169	1.0117	−0.0931	−1.2530	1.9678	3.7693***
h_TC	L3.	−33.9822	−1.8320*	−0.0286	−1.7665*	0.0587	0.4889
h_Total	L4.	0.1049	3.4425***	0.0000	0.8204	−0.0001	−0.6566
h_MI	L4.	86.2429	0.8756	−0.1053	−1.2808	2.0199	3.4186***
h_TC	L4.	−19.9053	−1.1009	−0.0197	−1.1555	0.3750	3.5542***

注：*、**、*** 分别表示在 10%、5%、1% 显著性上显著；h_ 表明该变量已进行 helmert 转换；L1～L4 为其滞后阶数。MI 表示长江经济带绿色经济效率，TC 表示长江经济带绿色经济技术进步。

5.3.2　脉冲响应

为直观观察短期内模型中主要变量之间的动态关系，本部分描绘了两组方程的脉冲响应函数，脉冲响应函数作为一种短期关系分析，能够直观地描述随机扰动项的一个标准差变动对其他变量当前和未来取值的影响轨迹和效应。为得到更加稳健的变动关系，设定 500 次蒙特卡洛模拟。在脉冲响应图形中，横轴表示滞后期间数，虚线表示 95% 置信区间。

图 5.3 的脉冲响应结果表明，长江经济带科技创新对绿色经济效率的动态效应置信区间包含 0，从而表明科技创新受到的冲击并不会传导给绿色经济效率；科技创新受到的冲击却会对未来六期的自身产生影响，但影响的力度逐渐减弱，并最终衰减为 0。我们也观察到，绿色经济效率受到的冲击在前四期传递给自

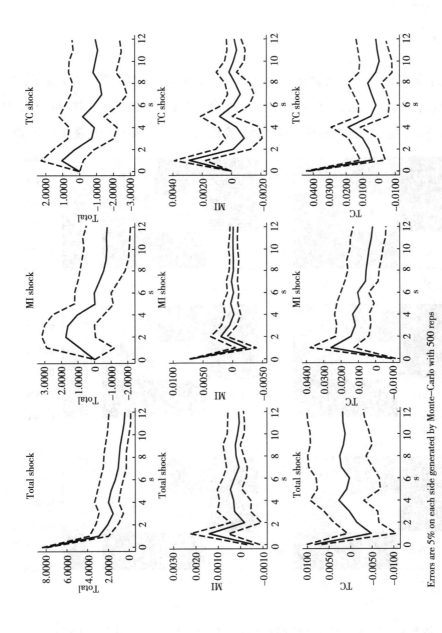

图 5.3 长江经济带科技创新对绿色经济技术进步水平正交变化脉冲响应图

注：MI 表示长江经济带绿色经济效率，TC 表示长江经济带绿色经济技术进步。

Errors are 5% on each side generated by Monte-Carlo with 500 reps

身，但影响的力度逐渐减弱，并最终衰减为 0，而绿色经济效率受到的冲击并不会传导给科技创新。

5.3.3 方差分解

对应于脉冲响应图，我们得出了如图 5.4 所示的方差分解结果。结果显示，对科技创新总水平、绿色经济效率和绿色经济技术进步变量向前预测，其解释力度主要源于自身，但随着时间的推移，其解释力度在逐渐变弱，最低均出现在第 25 期。

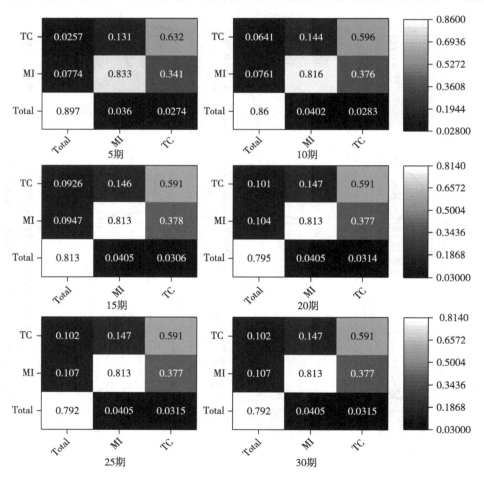

图 5.4　长江经济带科技创新对绿色经济技术进步水平的方差分解结果

注：MI 表示长江经济带绿色经济效率，TC 表示长江经济带绿色经济技术进步。

5.4 长江经济带科技创新与绿色经济偏向型 技术进步关系的检验结果

5.4.1 面板 VAR 模型的 GMM 估计

长江经济带科技创新对绿色经济偏向型技术进步水平的面板 VAR 估计结果如表 5.6 所示。

表5.6 长江经济带科技创新对绿色经济偏向型技术进步水平的面板 VAR 估计结果

变量 GMM		EQ1：h_Total		EQ2		EQ3	
		系数	t 统计量	系数	t 统计量	系数	t 统计量
Panel A：OBTC（产出偏向型技术进步）							
h_Total	L1.	0.3573	6.4166***	−0.0001	−1.5081	0.0000	0.3690
h_TC	L1.	37.7136	2.5312**	0.4310	11.9899***	−0.0026	−0.2121
h_OBTC	L1.	64.6582	0.9292	1.3703	7.5481***	0.1837	2.9243***
h_Total	L2.	0.1566	4.1482***	−0.0001	−1.6983*	0.0000	0.7820
h_TC	L2.	4.9153	0.3486	0.2887	8.3582***	−0.0310	−3.2239***
h_OBTC	L2.	−8.0228	−0.2038	0.5198	4.5390***	−0.0056	−0.1695
h_Total	L3.	0.0695	2.1605**	0.0000	−0.7414	0.0000	0.0094
h_TC	L3.	−20.4203	−1.3496	0.3250	9.5956***	−0.0055	−0.5155
h_OBTC	L3.	7.6256	0.1796	0.0522	0.5836	−0.0012	−0.0417
h_Total	L4.	0.1077	3.6423***	0.0000	−0.8217	0.0000	0.5299
h_TC	L4.	−24.5383	−1.5049	0.3086	7.1334***	−0.0172	−1.5788
h_OBTC	L4.	12.7804	0.2398	0.4912	3.1770***	−0.0004	−0.0110
Panel B：IBTC（投入偏向型技术进步）							
h_Total	L1.	0.3533	6.2957***	−0.0003	−2.4953**	0.0000	0.1653
h_TC	L1.	29.5597	2.1622**	0.2730	6.3627***	0.0045	0.9708
h_IBTC	L1.	195.1864	1.3003	2.8416	5.4361***	0.2098	4.0057***
h_Total	L2.	0.1529	3.9841***	−0.0002	−2.6228**	0.0000	−0.0641
h_TC	L2.	5.5974	0.4055	0.2422	6.2037***	0.0103	2.1522**
h_IBTC	L2.	37.6536	0.3590	1.8411	5.7503***	0.0939	3.0544***

变量 GMM		EQ1：h_Total		EQ2		EQ3	
		系数	t 统计量	系数	t 统计量	系数	t 统计量
h_Total	L3.	0.0695	2.1697 **	−0.0001	−1.2649	0.0000	0.3553
h_TC	L3.	−24.3569	−1.6029 *	0.3061	8.1322 ***	0.0048	1.0131
h_IBTC	L3.	19.5522	0.1969	1.2497	4.5041 ***	0.0632	1.8973 *
h_Total	L4.	0.1057	3.5673 ***	−0.0001	−1.6435 *	0.0000	−0.1865
h_TC	L4.	−24.4672	−1.5245	0.2198	5.6570 ***	−0.0031	−0.7667
h_IBTC	L4.	−15.2287	−0.1893	1.9715	7.8557 ***	0.0302	1.2327
Panel C：MATC（希克斯中性技术进步）							
h_Total	L1.	0.3600	6.5634 ***	0.0000	−0.1776	0.0000	−0.2343
h_TC	L1.	94.9809	1.7107 *	0.4946	3.9075 ***	0.2520	1.4261
h_MATC	L1.	−58.2470	−1.1639	−0.1749	−1.5330	0.0611	0.3896
h_Total	L2.	0.1578	4.2237 ***	0.0000	−0.8204	−0.0001	−0.8669
h_TC	L2.	−6.6310	−0.1751	0.3316	4.3019 ***	0.2939	3.0113 ***
h_MATC	L2.	11.2236	0.3473	−0.0786	−1.0584	−0.0221	−0.2320
h_Total	L3.	0.0707	2.2084 **	0.0000	0.1841	0.0000	0.1358
h_TC	L3.	−26.3567	−0.6594	−0.0555	−0.7669	−0.0715	−0.8579
h_MATC	L3.	3.1274	0.0869	0.3656	5.6669 ***	0.3839	5.2886 ***
h_Total	L4.	0.1085	3.6791 ***	0.0000	−0.1096	0.0000	−0.1948
h_TC	L4.	−36.8916	−0.8423	0.5391	4.8954 ***	0.5691	4.5798 ***
h_MATC	L4.	10.5572	0.2691	−0.2087	−2.3819 **	−0.2145	−2.1779 **

注：*、**、*** 分别表示统计值在 10%、5%、1% 水平下显著；h_ 表明该变量已进行 helmert 转换；L1～L4 为其滞后阶数。TC 代表长江经济带绿色经济技术进步，OBTC 表示长江经济带绿色经济产出偏向型技术进步，IBTC 代表长江经济带绿色经济投入偏向型技术进步，MATC 代表长江经济带绿色经济中性技术进步。

    表 5.6 列示了长江经济带科技创新对绿色经济偏向型技术进步的面板 VAR 估计结果。从长江经济带绿色经济产出偏向型技术进步（OBTC），绿色经济投入偏向型技术进步（IBTC），绿色经济中性技术进步（MATC）的取值来看，最优滞后阶数仍然为 4。对于产出偏向型技术进步的面板 VAR 方程，滞后一期、滞后两期、滞后三期和滞后四期的科技创新均显著为正，从而表明了科技创新与其本身存在较强的动态依存性。说明不同时期的科技创新显著促进了当期科技创新水

平的提高。而滞后两期的科技创新对当期绿色经济效率的影响显著为负。

对于投入偏向型技术进步的面板 VAR 方程，仅滞后一期的科技创新在 10% 水平下显著为正，从而表明随着科技创新水平的提升，绿色经济效率的高度化程度也会得到对应的提升。滞后一期的科技创新水平每增加 10%，当期绿色经济效率的高度化程度会提升 0.214%。

5.4.2 脉冲响应

图 5.5~图 5.7 的脉冲响应结果表明，科技创新水平对绿色经济效率的动态效应置信区间包含 0，从而说明科技创新受到的冲击并不会传导给绿色经济效率高度化程度；科技创新受到的冲击却会对未来一期的收入产生影响，但影响的力度逐渐减弱，并最终衰减为 0。类似地，我们也观察到，绿色经济效率受到的冲击仅在当期传递给自身以及在当期对科技创新产生影响，其后向效应并不显著。

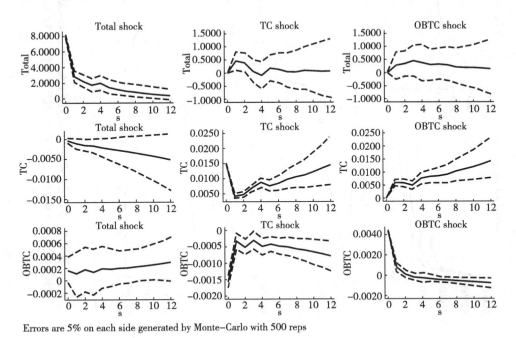

Errors are 5% on each side generated by Monte-Carlo with 500 reps

图 5.5　长江经济带科技创新对绿色经济产出偏向型技术进步水平的正交化脉冲响应图

注：TC 代表长江经济带绿色经济技术进步，OBTC 代表长江经济带绿色经济产出偏向型技术进步。

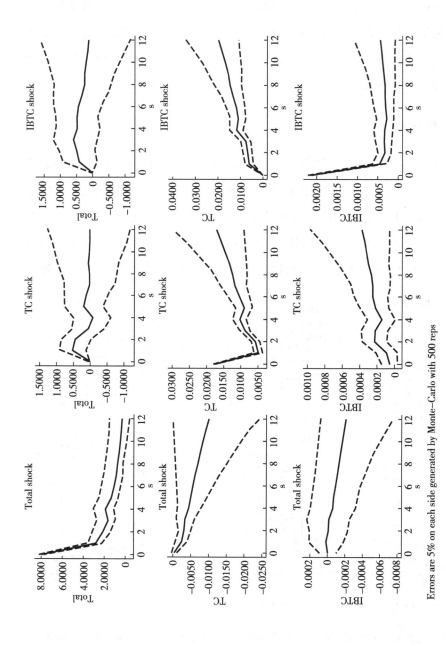

图 5.6 长江经济带科技创新对绿色经济投入偏向型技术进步水平的正交化脉冲响应图

注：TC 代表长江经济带绿色经济技术进步，OBTC 代表长江经济带绿色经济产出偏向型技术进步，IBTC 代表长江经济带绿色经济投入偏向型技术进步。

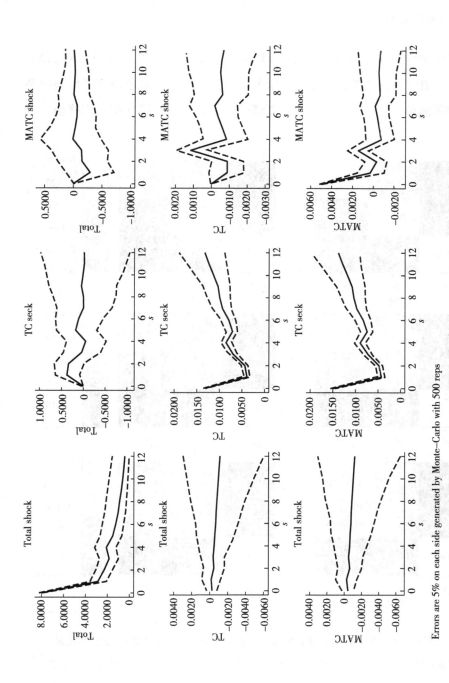

Errors are 5% on each side generated by Monte-Carlo with 500 reps

图5.7 长江经济带科技创新对绿色经济中性技术进步水平的正交化脉冲响应图

注：TC代表长江经济带绿色经济技术进步，OBTC代表长江经济带绿色经济产出偏向型技术进步，MATC代表长江经济带绿色经济中性技术进步。

5.4.3 方差分解

对应于脉冲响应图，引入产出偏向型技术进步，我们得出方差分解结果。（见图 5.8），表明对科技创新总水平、绿色经济技术进步、绿色经济产出偏向型技术进步变量向前预测，其解释力度主要源于自身，最高在第 5 期达到峰值，分

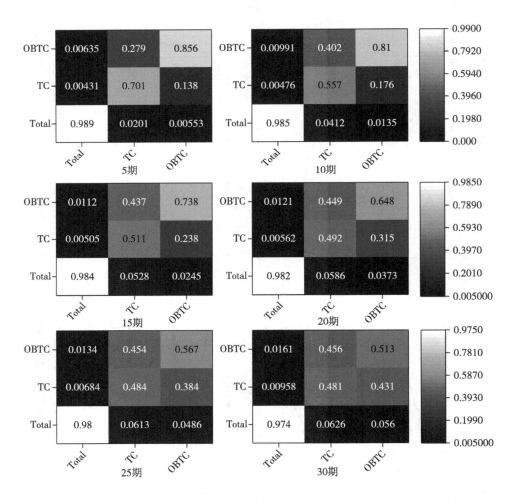

图 5.8 长江经济带科技创新对绿色经济产出偏向型技术进步水平的方差分解结果

注：TC 代表长江经济带绿色经济技术进步，OBTC 代表长江经济带绿色经济产出偏向型技术进步。

别为 9.89%、7.01%、8.56%，而技术进步变量的自身贡献程度显著低于科技创新总水平和绿色经济产出偏向型技术进步产生的贡献。此后，科技创新总水平、绿色经济技术进步和绿色经济产出偏向型技术进步随着时间推移其贡献程度也显著降低，即随着期数的增加，科技创新、绿色经济技术进步等的影响力度逐渐降低。

同样地，引入投入偏向型技术进步，我们得出方差分解结果（见图 5.9）。表明对科技创新总水平、绿色经济技术进步和绿色经济投入偏向型技术进步变量

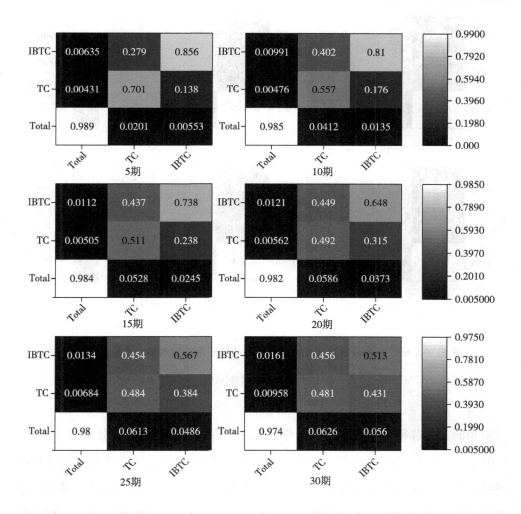

图 5.9　长江经济带科技创新对绿色经济投入偏向型技术进步水平的方差分解结果

注：TC 代表长江经济带绿色经济技术进步，IBTC 代表长江经济带绿色经济投入偏向型技术进步。

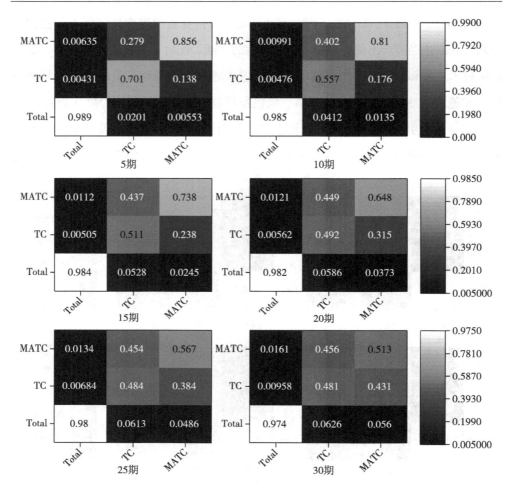

图 5.10 长江经济带科技创新对绿色经济中性技术进步水平的方差分解结果

注：TC 代表长江经济带绿色经济技术进步，MATC 代表长江经济带绿色经济中性技术进步。

向前预测，其解释力度主要源于自身，最高在第 5 期达到峰值，分别为 9.89%、7.01%、8.56%，而 TC 变量的自身贡献程度显著低于科技创新总水平和绿色经济投入偏向型技术进步的贡献。此后，科技创新总水平、绿色经济技术进步和绿色经济投入偏向型技术进步随着时间推移其贡献程度也显著降低，即随着期数的增加，科技创新、绿色经济技术进步等的影响力度在逐渐降低。

5.5　本章小结

本章从时间维度上利用面板 VAR 模型探究了长江经济带科技创新对绿色经济效率的动态效应，并进一步将绿色经济效率区分为综合技术效率和技术进步两个维度。面板 VAR 模型的结果表明：

（1）基于稳定面板模型，科技创新对绿色经济效率的影响很弱，但随着时间推移，科技创新对绿色经济效率的贡献越来越明显，总体上呈现波动趋势，说明很可能存在其他影响长江经济带绿色经济效率的途径；长江经济带科技创新和绿色经济效率是单向的因果关系，即从数据关系看，长江经济带科技创新显著带动了绿色经济效率的提升。

（2）整体上看，科技创新促进了长江经济带绿色经济技术进步，进而显著提升绿色经济效率水平，其对技术进步贡献度高于对综合效率贡献度；面板 VAR 模型结果表明，科技创新在 1% 的水平下显著促进了科技创新水平；格兰杰因果检验表明，科技创新和绿色经济效率之间并不存在双向的因果关系。

（3）科技创新与绿色经济效率间的双向影响关系比较弱；科技创新与绿色经济效率间存在单向的因果关系，科技创新是绿色经济效率的格兰杰原因，而绿色经济效率不是科技创新的格兰杰原因。

6　长江经济带科技创新对绿色经济效率的空间影响效应

通过第 5 章长江经济带科技创新与绿色经济效率的互动验证，发现科技创新与绿色经济效率之间存在单向的因果关系，表明长江经济带科技创新驱动了绿色经济效率的发展，本章基于这一结论，通过构建纳入空间效应的实证模型，检验分析长江经济带科技创新对提高绿色经济效率的影响效应。

6.1　研究假设及模型设计

6.1.1　研究基本假设

6.1.1.1　区域科技创新通过拓宽价值活动边界进而促进生产效率提升

科技创新主要通过提高创新要素投入的质量和全要素使用效率进而达到驱动经济发展，特别是高质量发展的目的（Kogan 等，2017）。当前，学者习惯以生产效率衡量要素使用效率（Korhonen 和 Syrjänen，2004）。生产效率被认为是单位生产时间的产出或者单位产出的工作时间，也就是要素投入产出效率，是经济体可持续发展能力的重要衡量指标，更高的生产效率更有利于保持经济体的价值增加速度（Diamond 和 Mirrlees，1971），能够实现经济体的持续发展。目前，区域科技创新主要从三种路径影响经济体绿色经济质量发展：首先，科技创新有利于改变和革新生产的过程和资源利用模式和方法，进而提高生产效率。其次，随着科技创新成果的持续应用，会推动全行业的技术升级，改造产业链和产业内的生产模式，实现产业整体效率提升。最后，从区域来说，产业内部创新的持续发展，会通过上下游产业链持续深化和扩展，进而提高区域整体的生产效率，实现发展提质增速。

基于此，本章提出以下研究假设：

假设6-1：区域科技创新能够有效提高绿色经济效率，但经济体异质性会影响区域科技创新对绿色经济效率的影响程度。

6.1.1.2 区域科技创新通过产业结构升级推动绿色经济生产

区域科技创新影响绿色经济生产的过程中，产业升级扮演着重要角色（Du 和 Li，2019），主要聚焦于以下几点：首先，知识要素具有特有的规模报酬递增优势，通过科技创新和持续的知识资本投入到生产过程中，改变了传统生产要素边际报酬递减的问题，有利于形成技术优势、提升产业结构整体竞争力和发展韧性；其次，发展是一个螺旋上升的过程，非科技创新会在市场资源配置过程中试错，进而增强市场对科技创新需求的精准把握，而在市场价值导向下的科技创新投入和配置模式有利于提升产业转型方向的精准性和价值性。因此，在区域科技创新的要素投入和精准配置下，有利于提升产业结构升级的质量和效率，形成高质高效的升级路径。

此外，区域科技创新还会从绿色创新角度对绿色经济生产产生影响（Schiederig 等，2012）。绿色创新通常被定义为通过对生产过程中工艺、技术和产品的改进和优化，从而减小对生态环境的负面影响（Takalo 和 Tooranloo，2021）。绿色技术创新是绿色创新相关研究的核心内容。绿色技术创新集中体现在工艺和产品两个渠道（Dangelico，2016；Tariq 等，2017），绿色技术创新强调对现有工艺的绿色化改造，实现能耗效率的提高，同时，绿色技术创新的产品融合了绿色特征和功能特征，绿色技术创新会在市场上形成品牌优势，形成消费市场崇尚绿色消费的理念，进而反促生产领域的绿色生产，提升发展质量。

综上，区域科技创新对经济体绿色经济效率的提升具有重要意义：首先，科技创新导致的绿色技术创新及产业升级是大多行业标准制定的重要考量，为了抢占市场先机，经济体往往不断努力形成超前的行业标准，推动绿色生产和绿色消费，实现绿色经济发展模式；其次，科技创新有利于为经济体铺就"隔离机制"，产生超越创新本身的兼具创新和绿色的市场竞争力，在这些市场中保持优势，实现边际利润提升。

基于此，本章提出以下研究假设：

假设6-2：区域科技创新通过产业升级以及绿色技术创新促进绿色经济高质量发展。

6.1.2 研究模型设计

本书借鉴 Marrewijk 等（1997）的研究方法，以引入科技创新后的柯布—道格拉斯生产函数为理论基础，并假定规模收益不变和希克斯中性。具体形式为：

$$Y_z = AK_z^{\alpha}L_z^{\beta}H_z^{\delta}, \quad H_z = \left[\sum_{j=1}^{n} S_y^{\gamma} \right]^1, \quad j = 1, 2, \cdots, n \qquad (6.1)$$

式中，Y 是产出值，K 是资本存量，L 是劳动力，H 是科技创新，A 是全要素生产率水平，S 是生产性服务业。其中，理论上通常用 H 代表科技创新的作用。α、β、δ、γ 是各要素投入的参数，$0<\alpha<1$，$0<\beta<1$，$0<\delta<1$，$0<\gamma<1$，规模报酬不变下 $\alpha+\beta+\delta=1$。Z 代表产品 x 和 y，如期望产出和非期望产出，j 为要素和产品的种类。科技创新对区域经济产出的影响是规模报酬递增的，$1/\gamma>1$，即当科技创新规模扩大时，经济总产生递增的规模收益，进而使得产出 Y 大幅增长。

根据该生产函数模型，假设有两个生产部门，每个部门利用资本、劳动力、科技创新等要素生产最终产品，生产产品中第 j 种产品的劳动力满足如下关系：

$$F+bS_j = L_j, \quad S_j = S_{jx}+S_{jy} \qquad (6.2)$$

式中，考虑到科技创新部分可以直接转化为生产性产品，另外一部分则可能转化为服务等非生产性，因而假设 F 表示生产性劳动力，S_j 表示非生产性劳动力，b 表示科技创新的边际产出。假设工资为 w，利率为 r，则工资率为 $\omega = w/r$，

需求价格弹性 $\varepsilon=1/(1-\gamma)$；令产品 y 的价格 $Py=1$，产品 x 的价格 $Px=p$；令总收入中对产品 z 的支出占收入的比例为 μz；令 X 表示产品 x 的产量，Y 表示产品 y 的产量。将上述条件代入公式（6.1）中，根据利润最大化一阶条件 FOC 得到 x 的供给为：

$$X^s=\gamma^{\delta_x}b^{-\delta_z}\alpha_x^{\alpha_x}\beta_x^{\beta_x}\delta_x^{\delta_x}n^{\delta_z/(\varepsilon-1)}\omega^{\alpha_x}\left[\alpha_yL-(1-\alpha_y)K/\omega\right]/(\alpha_y-\alpha_x) \qquad (6.3)$$

根据欧拉方程要素报酬不变的条件，得到 x 的需求为

$$X^d=\gamma^{\delta_x}b^{-\delta_z}\alpha_x^{\alpha_x}\beta_x^{\beta_x}\delta_x^{\delta_x}n^{\delta_z/(\varepsilon-1)}\omega^{\alpha_x}\mu_x(L+K/\omega) \qquad (6.4)$$

经济均衡时需求等于供给，由公式（6.3）和公式（6.4）得到一个地区的均衡产出为：

$$Z_a=A\Omega_zb^{-\delta_z}F^{-\delta_z/(\varepsilon-1)}K^{\alpha_z}L^{[(1-\alpha_z)+\delta_z/(\varepsilon-1)]}, \quad Z=X, \ Y \qquad (6.5)$$

式中，$\Omega_z=u_z\alpha_z^{\alpha_z}\beta_z^{\beta_z}\delta_z^{\delta_z}\alpha^{-\alpha}(1-\alpha)^{-(1-\alpha)}\gamma^{\delta_z}\left[(1-\gamma)\delta/(1-\alpha)\right]^{\delta_z/(\varepsilon-1)}$。

将公式（6.5）两边取自然对数，得到基本理论模型：

$$\ln Z_a=c_z+\ln A-\delta_z\ln b-\delta_z/(\varepsilon-1)\ln F+\alpha_z\ln K+[1-\alpha_z+\delta_z/(\varepsilon-1)]\ln L \qquad (6.6)$$

式中，b 反映了科技创新的作用，而 K、L 表示了要素禀赋的影响，常数 c 包含了除此之外的参数的平均影响。将公式（6.6）中的 lnA 移至左侧，则可以改写为：

$$\ln A-\ln(Z_a)=\delta_z\ln b-c_z+\frac{\delta_z}{\varepsilon-1}\ln F-\alpha_z\ln K-\left[1-\alpha_z+\frac{\delta_z}{(\varepsilon-1)}\right]\ln L \qquad (6.7)$$

由此可知，科技创新对技术效率的影响为正，但影响系数的大小仍受制于其他控制变量的影响以及投入产出边界函数。此外，由于本书讨论的是长江经济带，因而空间因素也是本书考虑的重点，鉴于此，本书考虑采用空间计量模型进行研究。空间计量模型主要有空间滞后模型（SAR）和空间误差模型（SEM）两种（叶阿忠等，2015）。其中，空间滞后模型和空间误差模型分别为：

$$MI_{it}=\rho W\times MI_{it}+Total_{it}\beta+Control(var)\gamma+\varepsilon_{it}, \quad \varepsilon_{it}=u+v_{it} \qquad (6.8)$$

$$MI_{it}=Total_{it}\beta+Control(var)\gamma+\varepsilon_{it}, \quad \varepsilon_{it}=\lambda W\times\varepsilon_{it}+e_{it}, \quad e_{it}=u+v_{it} \qquad (6.9)$$

式中，W 是空间权重矩阵，$W\times MI_{it}$ 是被解释变量的空间滞后作用项，Total 是解释变量矩阵，β 是其对应的系数向量，ε_{it} 是随机误差向量，ρ、λ 是空间自

相关系数。在此基础上，还有进一步考虑解释变量空间效应的空间杜宾模型（Spatial Durbin Model，SDM），其基本形式为：

$$MI_{it} = Total_{it}\beta + \lambda W \times Total_{it}\beta + \epsilon_{it}, \quad \epsilon_{it} = \rho W \times \epsilon_{it} + e_{it}, \quad e_{it} = u + v_{it} \tag{6.10}$$

矩阵形式为：

$$MI_{it} = Total_{it}\beta + \lambda(I_t \otimes W)Total_{it} + \epsilon_{it}, \quad \epsilon_{it} = \rho(I_t \otimes W)\epsilon_{it} + e_{it} \tag{6.11}$$

式中，$W \times Total_{it}$ 是自变量矩阵的空间作用，$W \times \epsilon_{it}$ 是随机误差向量的空间滞后项，$\otimes$ 为克罗内克积，I_T 为 T 阶单位矩阵。由于本书关注重点是科技创新对绿色经济效率的空间效应，且解释变量也可能存在空间交互效应，宜采用空间杜宾模型进行实证研究。空间杜宾模型除了被解释变量存在空间效应，解释变量也存在空间效应。对于固定效应的空间杜宾模型，具体形式为：

$$MI_{it} = \rho W \times MI_{it} + Total_{it}\beta + W \times Total_{it}\theta + \epsilon_{it} + \alpha_{it} \tag{6.12}$$

令 $V(W) = (I_n + \rho W)^{-1} = I_n + \rho W + (\rho W)^2 + (\rho W)^3 + \cdots$，通过对式（6.12）变形得：

$$MI_{it} = \sum_{r=1}^{k}\left[S_r(W)_{i1x_{1rt}} + S_r(W)_{i2x_{2rt}} + \cdots + S_r(W)_{inx_{nrt}}\right] + \rho W\epsilon_{it} + e_{it} \tag{6.13}$$

式中，$S_r(W) = V(W)(I_n\beta_r + \theta_r W)$，写成矩阵形式为：

$$\begin{pmatrix} y_1 \\ y_2 \\ \vdots \\ y_n \end{pmatrix} = \sum_{r=1}^{k} \begin{pmatrix} S_r(W)_{11} & S_r(W)_{12} & \cdots & S_r(W)_{1n} \\ S_r(W)_{21} & S_r(W)_{22} & \cdots & S_r(W)_{2n} \\ \vdots & \vdots & \ddots & \vdots \\ S_r(W)_{n1} & S_r(W)_{n2} & \cdots & S_r(W)_{nn} \end{pmatrix} \begin{pmatrix} x_1 \\ x_2 \\ \vdots \\ x_n \end{pmatrix} + V(W) + V(W)\varepsilon \tag{6.14}$$

根据 Lesage 等（2008）的分解办法，可以将科技创新对本地区绿色经济效率的平均影响称为直接效应，科技创新对其他地区绿色经济效率的平均影响称为间接效应，二者加总为总效应。即，直接效应为式（6.15）右端自变量系数矩阵中对角线元素的均值：

$$M_d = \frac{\partial MI_{it}}{\partial Total_{ir}} = S_r(W)_{ii} = \frac{tr[S_r(W)]}{n} \tag{6.15}$$

间接效应为矩阵中非对角线元素的均值：

$$M_i = \frac{\partial Y_I}{\partial \text{Total}_{jr}} = S_r(W)_{ij} \qquad (6.16)$$

空间计量模型由于其空间效应的存在会形成内生性问题，需要采用极大似然估计（ML）或广义矩估计（GMM）等方法来进行估计。

6.2 指标选择和数据来源

在研究长江经济带科技创新影响绿色经济效率的相关问题中，本章通过第3章构建的科技创新指标体系和第4章构建绿色经济效率的指标体系，分别选择相关指标进行定量分析。

6.2.1 指标选择

6.2.1.1 被解释变量

本章中，被解释变量是第4章测算的区域绿色经济效率。绿色经济效率水平的提高，有助于更好地实现产业发展与发展要素禀赋结合，提高国内外产业链间相互依存的水平，畅通产业循环，通过对外投资等手段推动先进产业对落后产业的溢出，从规模和结构上提升发展质量。

6.2.1.2 解释变量

本章的解释变量是区域科技创新水平，是在第3章的基础上通过构建科技创新指标体系得到的。

6.2.1.3 控制变量

长江经济带科技创新水平影响城市绿色经济效率的过程中还可能受制于其他控制变量的影响，为了防止遗漏变量给估计带来偏误从而加入相应控制变量，基于此，本书在参考相关文献基础上，选定的控制变量包括：

（1）对外开放程度。对外开放度指一个国家或地区经济对外开放的程度，对生产会产生重大影响（陈诗一，2010；谌莹和张捷，2016），具体表现为市场的开放程度，通常对外开放首先从商品市场开始，即相对稳定的外贸进出口。而出口一般作为对外直接投资的先导，持续的出口活动最终会形成以对外直接投资作为手段的开放模式。因此，本书选择外商直接投资表征对外开放程度。

（2）工业集聚水平。工业集聚指若干具有生产连接的工业企业在地域上不断靠近，以获得有效的信息和建立良好的发展联系。工业集聚反映工业在地区范围内地理分布上的相对集中状况，是工业布局的基本空间特征的表现形式（Yuan等，2020），对科技创新和经济生产活动会产生双重影响，因此本书选择通过区位熵衡量工业集聚水平。

（3）能源消耗水平。科技创新和经济生产及居民生活会使用一定的能源，而城市全社会用电量最具代表性。城市全社会用电量指城市第一、第二、第三产业等所有用电领域的电能消耗总量，包括工业用电、农业用电、商业用电、居民用电、公共设施用电以及其他用电等，能够代表经济生产、居民生活过程中的能源消耗。为避免与4.1节化石能源消耗重复，本书通过城市全社会用电量衡量能源消耗水平。

（4）财政科技支出结构水平。财政科技支出指政府及其相关部门为支持科技活动而进行的经费支出，对城市科技创新发展有着至关重要的影响（李政和杨思莹，2018），为避免与表3.1中的财政科技支出重复，本书通过财政科技支出结构水平反映政府对科技创新的影响，采用地级市科技支出占中央科技中支出比重衡量财政科技支出结构水平。

（5）人力资本储备。教育基本建设费用占全部基本建设费用的比例能够反映一个国家对教育事业重视的程度，在一定程度上反映了人力资本储备情况（易明等，2021），而人力资本对科技创新及经济生产会产生积极影响（靖学青，2015）。基于此，本书选择地级市教育预算支出占总的财政支出比重表征人力资本水平。

（6）个人储蓄存款。个人存款储蓄一定程度上可以促进国民经济比例和结构的调整，可以聚集经济建设资金，为绿色经济生产及科技创新提供资金支持。

（7）人口规模。人口规模既与科技创新投入产出指标紧密关联，也与城市绿色经济生产等的终端消费市场密切相关（Zhu 等，2020），为此，本书选用人口自然增长率衡量人口规模。

（8）社会消费水平。社会消费水平既影响城市经济生产，也影响科技创新的投入，因而本书选择社会消费品零售总额表征社会消费水平。

为保证本书所使用的样本变量平稳性，对解释变量、被解释变量和控制变量均做了对数处理。此外，考虑到外商直接投资、个人存款和社会消费水平等为价值量指标，参考表3.2的可比价处理，同样采用价格指数进行平减。

6.2.2 数据来源及说明

本章采用 2001～2019 年长江经济带 108 个城市的面板数据进行相关统计及计量分析。为了保证整体研究的一致性和综合考虑数据可得性，主要指标选取如表 6.1 所示。部分数据包括绿色经济效率、综合技术效率、技术进步、科技创新总得分、人均科技创新得分、单位面积科技创新、产出偏向型技术进步、投入偏向型技术进步、中性技术进步、工业集聚水平、全社会用电量、外商直接投资、科技预算支出、教育预算支出、个人储蓄存款、人口自然增长率、社会消费零售总额。其中，全社会用电量、外商直接投资、科技预算支出、教育预算支出、个人储蓄存款、人口自然增长率、社会消费零售总额均来源于中国城乡建设统计年鉴数据库；工业集聚水平使用区位熵计算，涉及的指标包括城市工业总产值，来源于中国城市统计年鉴数据库。指标中缺失的年份数据通过平均值法补齐。

表 6.1　变量描述性统计结果

变量名称	变量符号	样本量	均值	标准差	中位数
绿色经济效率	MI	2052	1.0018	0.00783	1
综合技术效率	EC	2052	0.9983	0.01562	1
技术进步	TC	2052	1.0037	0.01708	1.001
科技创新总得分	Total	2052	55.6741	27.23	55.63
人均科技创新得分	Pertotal	2052	51.6336	30.28	52.05
单位面积科技创新	Sizetotal	2052	57.0207	26.09	55.29
产出偏向型技术进步	OBTC	2052	0.9976	0.00595	0.9996

续表

变量名称	变量符号	样本量	均值	标准差	中位数
投入偏向型技术进步	IBTC	2052	0.9992	0.003	0.9999
中性技术进步	MATC	2052	1.0069	0.01987	1.002
工业集聚水平	IND	2052	6.9421	0.6794	7.041
能源消耗（用电量）	ELE	2052	11.2171	2.866	12.1
对外开放程度	FDI	2052	7.6891	2.986	8.327
财政科技支出结构水平	TEC	2052	7.1400	3.929	7.924
人力资本	EDU	2052	8.8750	3.857	10.2
个人储蓄存款	SAV	2052	14.5425	1.184	14.53
人口规模	POP	2052	1.4154	0.8592	1.591
社会消费水平	RET	2052	12.2362	3.387	13.31

此外，本章计算了指标的相关系数矩阵，结果如图 6.1 所示。相关系数矩阵的结果表明，本章使用的变量不存在严重的多重共线性问题。

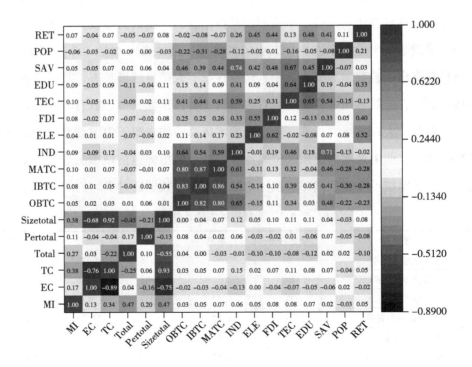

图 6.1 主要变量的相关性系数矩阵

6.3 实证结果分析

6.3.1 空间计量模型回归结果分析

根据 Asheim 和 Gertler 的研究，随着创新人员的流动，知识存在扩散传播的溢出效应。在研究长江经济带科技创新对绿色经济效率的实际问题中，利用空间面板模型分析科技创新对绿色经济效率的空间溢出作用，对研究创新要素跨省流动与合理配置的问题以及科技创新的增加能否最终推动绿色经济效率都有比较现实的参考意义。

6.3.1.1 选择空间权重矩阵

空间权重矩阵是理论上建立物质空间关联的重要基础变量。权重矩阵的设置也比较多样，一般来说，权重矩阵必须是和变量间没有相关性的数据，否则将空间权重矩阵代入模型中会引起多重共线性导致模型偏误。

根据"地理第一定律"及其在社会经济领域的发展和应用，空间权重矩阵主要包括：地理临近的空间临近权重矩阵、地理距离的空间权重矩阵、经济距离的空间权重矩阵、地理距离和空间距离的嵌套型空间矩阵以及用完全不相关的指标相关程度作为空间权重矩阵，如表 6.2 所示。

表 6.2 空间权重矩阵的类型及含义

类型	含义
1. 空间临近权重矩阵	是否具有空间效应取决于物理空间是否存在临接
2. 反距离权重矩阵	空间交互作用与距离成反比，距离越大则影响就越小
3. 经济权重矩阵	经济发展水平的高低会对空间权重产生影响
4. 嵌套权重矩阵	受上述第 2、第 3 两种矩阵交互影响
5. 无关权重矩阵	以不相关指标作为变量构建的矩阵

在本章中，原方程采用的是空间邻接矩阵的最邻近矩阵，也就是和最相邻的 4 个区域构成的权重矩阵。

6.3.1.2 空间相关性检验

研究空间相关性的方法是探索性空间数据分析方法，其包括全局和局部两个层面的相关性分析，本书使用全局 Moran's I 分析科技创新是否具有空间集聚特征。其中，全局 Moran's I 是反映全局空间相关性的指数，表示在整体的全局范围内指标是如何相互影响的。根据莫兰（1950）的阐述，Moran's I 指数可以度量全局空间自相关，其计算公式为：

$$I = \frac{n \sum\limits_{i=1}^{n} \sum\limits_{j=1}^{n} W_{ij}(x_i - \bar{x})(x_j - \bar{x})}{\sum\limits_{i=1}^{n} \sum\limits_{j=1}^{n} W_{ij} \sum\limits_{i=1}^{n}(x_i - \bar{x})} = \frac{\sum\limits_{i=1}^{n} \sum\limits_{j=1}^{n} W_{ij}(x_i - \bar{x})(x_j - \bar{x})}{S^2 \sum\limits_{i=1}^{n} \sum\limits_{j=1}^{n} W_{ij}} \tag{6.17}$$

式中，I 是全局空间莫兰指数，x_i 在本书中表示长江经济带第 i 个城市的绿色经济效率，n 是城市样本量，W_{ij} 表示空间权重矩阵，其中莫兰指数取值范围为 [-1, 1]。当 Moran's I>0 时，说明长江经济带各城市绿色经济效率之间空间正相关，即相同绿色经济效率的地区不断集聚；当 Moran's I<0 时，长江经济带各城市绿色经济效率之间空间负相关，即绿色经济效率在城市间不断分异，差距拉大；当 Moran's I=0 时，则不存在空间相关性，空间计量分析可能不成立。

如果要研究长江经济带科技创新绿色经济效率的空间效应，首要工作是对被解释变量绿色经济效率进行空间相关性检验。如果检验通过才能进一步做空间模型的分析，如果没有通过则不能。第 4 章的结果表明，绿色经济效率拒绝无空间自相关的原假设，可以对其做空间计量模型研究空间效应。

6.3.1.3 科技创新绿色经济效率的空间效应分析

对于面板模型，首先对模型法进行豪斯曼检验，如果模型能够拒绝原假设，就可以使用固定效应模型，否则要选择随机效应的模型。通过以绿色经济效率 MI 为被解释变量进行回归，豪斯曼检验结果都显著地拒绝了原假设，所以下面的模型都选用固定效应模型。其估计结果如表 6.3 所示。

表 6.3　长江经济带科技创新对绿色经济效率的空间影响结果汇总

变量	(1) SAR-FE	(2) SDM-FE	(3) SAC-FE	(4) SEM-FE	(5) GSPRE	(6) DSDM-FE
L. MI						0.0399 * (1.78)
Total	0.000838 * (1.66)	0.000950 * (1.85)	0.000888 * (1.79)	0.000942 * (1.85)	0.00036 (1.05)	0.00079 ** (2.51)
IND	0.0000912 (0.14)	0.000475 (0.44)	0.000739 (0.85)	0.000519 (0.68)	0.000975 ** (1.98)	0.000383 (0.33)
ELE	0.000115 (0.36)	0.0000678 (0.20)	0.000116 (0.36)	0.000131 (0.40)	0.0000384 (0.46)	0.000243 (0.69)
FDI	−0.000137 (−0.70)	−0.0000673 (−0.34)	−0.0000892 (−0.46)	−0.000116 (−0.58)	0.000215 ** (2.51)	−0.000167 (−0.80)
TEC	0.000106 (0.57)	0.000101 (0.53)	0.0000386 (0.21)	0.0000796 (0.42)	0.0000853 (0.88)	0.0000882 (0.45)
EDU	0.0000927 (0.34)	0.000137 (0.50)	0.000204 (0.78)	0.000144 (0.53)	0.000129 (1.35)	0.000203 (0.72)
SAV	0.000445 (0.73)	0.000166 (0.24)	0.000252 (0.38)	0.000464 (0.70)	−0.00059 *** (−2.61)	−0.000547 (−0.71)
POP	0.000311 (1.04)	0.000264 (0.86)	0.000287 (0.96)	0.000325 (1.07)	−0.000225 (−1.14)	0.000333 (1.09)
RET	−0.0000121 (−0.03)	0.0000232 (0.06)	−0.0000347 (−0.10)	−0.0000363 (−0.10)	−0.0000169 (−0.18)	0.0000940 (0.24)
ρ	1.737 *** (9.84)	1.635 *** (8.62)	−2.337 *** (−9.22)			1.602 *** (8.18)
λ			2.771 *** (26.33)	1.760 *** (9.87)	1.818 *** (10.05)	
sigma2_e	0.0000461 *** (31.11)	0.0000459 *** (31.11)	0.0000460 *** (32.41)	0.0000461 *** (31.10)		0.000046 *** (32.02)
sigma_mu					6.96e-15 (0.00)	
sigma_e					0.00704 *** (62.19)	
W×Total		0.0216 * (1.93)				0.0170 (1.50)
W×IND		0.00255 (0.33)				0.0109 (1.30)
W×ELE		0.00175 (0.35)				0.00521 (1.00)
W×FDI		−0.0101 ** (−2.13)				−0.00773 (−1.60)

变量	(1) SAR-FE	(2) SDM-FE	(3) SAC-FE	(4) SEM-FE	(5) GSPRE	(6) DSDM-FE
W×TEC		0.00674* (1.93)				0.00277 (0.77)
W×EDU		-0.0164** (-2.03)				-0.0158* (-1.92)
W×SAV		-0.00364 (-0.46)				-0.00165 (-0.20)
W×POP		-0.000247 (-0.04)				-0.00580 (-0.99)
W×RET		0.0133 (1.28)				0.0135 (1.26)

注：*、**、***分别表示在10%、5%、1%显著性水平下显著；括号内为t统计量；MI表示长江经济带绿色经济效率。

通过 LM 检验最后确定使用空间杜宾模型（SDM），构建方程并得到表 6.3 的估计结果。静态 SDM 模型的估计结果（见表 6.3 第 2 列）表明，长江经济带科技创新对本地和相邻城市的绿色经济效率影响系数是 0.000950（10%）和 0.0216（10%），且长江经济带科技创新对本地和相邻城市绿色经济效率均在 10%的水平上显著通过检验，表明不考虑长江经济带绿色经济效率的动态变化，科技创新对绿色经济效率具有较强的正向当地影响和正向的溢出效应。动态 SDM 模型的估计结果（见表 6.3 第 6 列）表明，在研究长江经济带科技创新对当地和相邻城市的绿色经济效率的动态影响系数分别为 0.00079 和 0.0170，其中科技创新对绿色经济效率的直接影响估计结果通过显著性检验，验证了研究假设 6-1 和假设 6-2。这种情况恰恰说明，长江经济带科技创新对绿色经济效率的单向影响，绿色经济效率的动态累计变化并未显著影响科技创新对绿色经济效率的空间影响，表明第 5 章 PVAR 模型的检验是稳健的。从长期、动态看，以创新为驱动推动绿色经济发展的路径贡献不足，更加印证了中国绿色经济增长中科技创新贡献不足、效果有限。这种情况下，说明长江经济带要想实现绿色经济效率、未来拉动 GDP 可持续发展，需要增强科技创新。

除此之外，在影响长江经济带城市绿色经济效率的控制变量中，直接影响控制变量的估计结果均未通过显著性检验。而在空间交互效应的估计中，除工业集聚水平（IND）、全社会用电量（ELE）、个人储蓄率（SAV）、人口自然增长率（POP）和社会消费零售总额（RET）对长江经济带主要城市绿色经济效率的影响不显著外，其他要素对长江经济带主要城市绿色经济效率的影响都是显著的，科技财政支出明显具有正向影响，而外商直接投资、教育财政支出对长江经济带主要城市绿色经济效率的影响显著为负。

通过上述分析，可以明显看到长江经济带科技创新绿色经济效率存在空间溢出效应。为了进一步分析科技创新和其他结果影响因素形成了怎样的空间溢出效应，使用 SDM 的偏微分方法进行分解。由于受空间权重矩阵的影响，不能直接使用系数反映直接影响和间接影响，而需要通过 SDM 模型的偏微分方法对溢出效应进行分解后，可以得到直接效应和间接效应，结果如表 6.4 所示。直接效应表示本地区包含科技创新在内因素的影响，间接效应是本地区各因素对周边的城市绿色经济效率的影响。

通过科技创新对绿色经济效率的空间效应分解可以明显看到，长江经济带科技创新的直接效应对绿色经济效率的正向作用最高，其次依次为工业集聚水平、人口自然增长率、个人储蓄率、科技财政支出、全社会用电量、社会消费零售总额、教育财政支出，外商直接投资的直接效应为负，这是因为长江经济带整体的外商直接投资水平较低。虽然静态 SDM 模型的直接效应结果各有差异，但估计结果均不显著。长江经济带科技创新的间接效应结果中，科技创新水平、外商直接投资、科技财政支出、教育财政支出的间接效应显著，其中仍以科技创新水平的间接效应最高。但在总效应的估计结果中，科技创新水平的总效应并未通过显著性检验，仅科技财政预算支出的总效应显著为正。

动态 SDM 模型的估计结果如表 6.4 所示，其中又区分了长期和短期的估计结果。由动态 SDM 模型的估计可知，长江经济带科技创新水平对绿色经济效率的直接效应、间接效应和总效应均未通过显著性检验。

表 6.4 长江经济带科技创新对绿色经济效率的空间效应分解

变量	静态 SDM			动态 SDM 长期			动态 SDM 短期		
	直接效应	间接效应	总效应	直接效应	间接效应	总效应	直接效应	间接效应	总效应
Total	0.0008 (1.56)	0.0087* (1.77)	0.0078 (1.59)	0.0007 (1.43)	0.0070 (1.34)	0.0062 (1.18)	0.0007 (1.44)	0.0065 (1.35)	0.0058 (1.18)
IND	0.000441 (0.42)	0.00133 (0.45)	0.00177 (0.60)	0.000605 (0.53)	0.00537 (1.44)	0.00598 (1.57)	0.00058 (0.52)	0.00497 (1.44)	0.00555 (1.57)
ELE	0.000115 (0.36)	0.000907 (0.42)	0.00102 (0.47)	0.000278 (0.79)	0.00232 (1.05)	0.00260 (1.15)	0.000265 (0.78)	0.00215 (1.04)	0.00242 (1.16)
FDI	-0.000129 (-0.66)	-0.00437** (-2.40)	-0.00450** (-2.43)	-0.000219 (-1.05)	-0.00350 (-1.58)	-0.00372* (-1.66)	-0.000208 (-1.04)	-0.00324 (-1.58)	-0.00345* (-1.67)
TEC	0.000139 (0.76)	0.00300** (2.06)	0.00314** (2.11)	0.000117 (0.57)	0.00112 (0.70)	0.00123 (0.76)	0.000111 (0.56)	0.00104 (0.70)	0.00115 (0.76)
EDU	0.0000567 (0.21)	-0.00707** (-2.12)	-0.00701** (-2.07)	0.000118 (0.38)	-0.00673* (-1.74)	-0.00661* (-1.69)	0.000118 (0.40)	-0.00625* (-1.75)	-0.0061* (-1.70)
SAV	0.00146 (0.21)	-0.00150 (-0.45)	-0.00135 (-0.41)	-0.000649 (-0.86)	-0.00850 (-0.25)	-0.00150 (-0.44)	-0.000622 (-0.86)	-0.000767 (-0.24)	-0.00139 (-0.44)
POP	0.000257 (0.87)	0.000220 (0.09)	0.000477 (0.19)	0.000346 (1.10)	-0.00235 (-0.88)	-0.00201 (-0.74)	0.000334 (1.11)	-0.00219 (-0.89)	-0.00186 (-0.74)
RET	0.0000957 (0.26)	0.00582 (1.35)	0.00591 (1.34)	0.000203 (0.52)	0.00578 (1.14)	0.00598 (1.17)	0.000190 (0.51)	0.00535 (1.14)	0.00554 (1.17)

注：*、**、***分别表示在10%、5%、1%显著性水平下显著；括号内为t统计量。

6.3.2 异质性分析

为了进一步分析长江经济带科技创新带来的绿色经济效率的相关因素的异质性分析，本节从前人研究的基础出发，在基准模型上分别对长江经济带绿色经济分解效应、不同时间段进行研究，从两方面对科技创新影响绿色经济效率的异质性进行分析。

6.3.2.1 不同技术进步的影响

为研究科技创新对长江经济带不同城市的绿色经济效率来源是否存在异质性影响，本节分别以长江经济带绿色经济分解效率为被解释变量，从长江经济带绿色经济综合技术效率（EC）、绿色经济技术进步（TC）、绿色经济产出偏向型技术进步（OBTC）、绿色经济投入型技术进步（IBTC）、绿色经济中性技术进步（MATC）等不同视角探究科技创新水平对长江经济带绿色经济分解效率的空间影响，结果如表 6.5 所示。

表 6.5　长江经济带科技创新对绿色经济分解效率的空间效应估计

变量	（1）MI	（2）EC	（3）TC	（4）OBTC	（5）IBTC	（6）MATC
Total	0.0170**	0.0388*	0.0184	0.000796**	0.00230	0.0168
	(2.50)	(1.92)	(0.80)	(2.10)	(0.53)	(0.63)
L. MI	0.0399*					
	(1.78)					
L. EC		0.270***				
		(10.61)				
L. TC			0.126***			
			(4.73)			
L. OBTC				0.204***		
				(9.20)		
L. IBTC					0.0658***	
					(2.93)	
L. MATC						0.00339
						(0.13)

续表

变量	(1) MI	(2) EC	(3) TC	(4) OBTC	(5) IBTC	(6) MATC
rho	1.602***	2.721***	2.662***	2.086***	2.183***	2.536***
	(8.18)	(23.89)	(22.02)	(12.37)	(13.74)	(19.54)
sigma2_e	0.00005***	0.0001***	0.0002***	0.00002***	0.000007***	0.0003***
	(32.02)	(31.84)	(31.85)	(31.96)	(31.94)	(31.89)
控制变量	控制	控制	控制	控制	控制	控制
N	1836	1836	1836	1836	1836	1836

注：*、**、***分别表示在10%、5%、1%显著性水平下显著；括号内为t统计量；L.表示变量滞后1期；MI表示长江经济带绿色经济效率，EC代表长江经济带绿色经济综合技术效率，TC表示长江经济带绿色经济技术进步，OBTC代表长江经济带绿色经济产出偏向型技术进步，IBTC代表长江经济带绿色经济投入偏向型技术进步，MATC代表长江经济带绿色经济中性技术进步。

表6.5的估计结果显示，在绿色经济综合技术效率分析结果中（见表6.5第2列），长江经济带科技创新对绿色经济综合技术效率的影响显著为正（t=1.92，p<0.1）。除绿色经济综合技术效率外，仅绿色经济产出偏向型技术进步的估计结果（见表6.5第4列）显著（t=2.10，p<0.05）；其余估计结果均不显著。可能是因为，在科技创新水平高的城市，绿色经济效率水平已接近饱和，因而科技创新对绿色经济技术进步的促进不明显。

为了进一步分析科技创新和其他结果影响因素对长江经济带绿色经济分解效率的空间影响形成了怎样的空间溢出效应，使用SDM的偏微分方法进行分解。由于空间权重矩阵的影响，不能直接使用系数来反映直接影响和间接影响，而需要通过SDM模型的偏微分方法对溢出效应进行分解后，可以得到直接效应和间接效应，结果如表6.6所示。直接效应是本地区包含科技创新在内因素的影响，间接效应是本地区各因素对周边的城市绿色经济效率的影响。

表6.6 绿色经济分解效率的长期和短期效应结果

变量	(1) MI	(2) EC	(3) TC	(4) OBTC	(5) IBTC	(6) MATC
Panel A：短期直接效应						
Total	0.000728	0.0000743	0.000945	0.000759**	0.000117	0.00178
	(1.44)	(0.08)	(0.87)	(2.05)	(0.59)	(1.43)

续表

变量	(1) MI	(2) EC	(3) TC	(4) OBTC	(5) IBTC	(6) MATC
IND	0.000576	0.00186	−0.000517	0.0000747	0.000756*	−0.000769
	(0.52)	(0.94)	(−0.23)	(0.09)	(1.80)	(−0.29)
ELE	0.000265	0.00211***	−0.00198***	0.0000288	−0.000114	−0.00183**
	(0.78)	(3.34)	(−2.79)	(0.12)	(−0.87)	(−2.23)
FDI	−0.000208	0.0000949	−0.000340	0.0000753	0.0000387	−0.000520
	(−1.04)	(0.24)	(−0.76)	(0.51)	(0.49)	(−1.03)
TEC	0.000111	−0.000407	0.000498	0.0000382	0.000155**	0.000153
	(0.56)	(−1.07)	(1.19)	(0.26)	(2.03)	(0.32)
EDU	0.000118	0.000595	−0.000761	−0.000168	−0.000175	−0.000364
	(0.40)	(1.02)	(−1.17)	(−0.78)	(−1.52)	(−0.49)
SAV	−0.000622	−0.00173	0.00101	0.000583	−0.000248	0.000440
	(−0.86)	(−1.31)	(0.67)	(1.11)	(−0.90)	(0.25)
POP	0.000334	−0.000661	0.00100	−0.000279	−0.0000833	0.00142*
	(1.11)	(−1.15)	(1.57)	(−1.27)	(−0.71)	(1.92)
RET	0.000190	−0.000295	0.000925	−0.000137	0.000203	0.00100
	(0.51)	(−0.39)	(1.09)	(−0.50)	(1.37)	(1.05)
Panel B：短期间接效应						
Total	0.00647	0.0360*	0.0185	0.00140	0.00114	0.0166
	(1.35)	(1.74)	(0.89)	(0.32)	(0.45)	(0.79)
IND	0.00497	−0.0225	0.0420***	−0.000247	−0.00623***	0.0534***
	(1.44)	(−1.56)	(2.65)	(−0.08)	(−3.41)	(3.26)
ELE	0.00215	0.0373***	−0.0367***	−0.00249	0.000812	−0.0307***
	(1.04)	(4.14)	(−3.85)	(−1.27)	(0.69)	(−3.25)
FDI	−0.00324	−0.0192**	0.0135	0.00268	0.000414	0.00697
	(−1.58)	(−2.13)	(1.40)	(1.36)	(0.38)	(0.74)
TEC	0.00104	−0.0119*	0.0106	−0.0000474	0.00177**	0.00389
	(0.70)	(−1.85)	(1.61)	(−0.03)	(2.20)	(0.59)
EDU	−0.00625*	0.00435	−0.0219	0.000633	−0.00236	−0.0193
	(−1.75)	(0.28)	(−1.33)	(0.19)	(−1.22)	(−1.18)
SAV	−0.000767	0.0518***	−0.0591***	0.00133	−0.00208	−0.0567***
	(−0.24)	(3.93)	(−3.93)	(0.45)	(−1.23)	(−3.79)
POP	−0.00219	−0.0189*	0.0145	0.000246	−0.00119	0.0155
	(−0.89)	(−1.75)	(1.30)	(0.10)	(−0.85)	(1.38)

变量	(1) MI	(2) EC	(3) TC	(4) OBTC	(5) IBTC	(6) MATC
RET	0.00535	−0.0246	0.0464**	−0.00307	0.00473*	0.0480**
	(1.14)	(−1.25)	(2.15)	(−0.70)	(1.85)	(2.21)
Panel C：短期总效应						
Total	0.00575	0.0361*	0.0195	0.000644	0.00102	0.0184
	(1.18)	(1.71)	(0.92)	(0.14)	(0.40)	(0.86)
IND	0.00555	−0.0206	0.0415**	−0.000173	−0.00547***	0.0526***
	(1.57)	(−1.39)	(2.55)	(−0.05)	(−2.91)	(3.13)
ELE	0.00242	0.0394***	−0.0387***	−0.00246	0.000699	−0.0326***
	(1.16)	(4.29)	(−3.97)	(−1.23)	(0.59)	(−3.37)
FDI	−0.00345*	−0.0191**	0.0131	0.00275	0.000453	0.00645
	(−1.67)	(−2.08)	(1.34)	(1.38)	(0.40)	(0.67)
TEC	0.00115	−0.0123*	0.0111*	−0.00001	0.00193**	0.00404
	(0.76)	(−1.87)	(1.65)	(−0.01)	(2.34)	(0.60)
EDU	−0.00613*	0.00494	−0.0227	0.000465	−0.00253	−0.0197
	(−1.70)	(0.32)	(−1.36)	(0.14)	(−1.29)	(−1.18)
SAV	−0.00139	0.0501***	−0.0580***	0.00191	−0.00233	−0.0563***
	(−0.44)	(3.72)	(−3.78)	(0.64)	(−1.35)	(−3.68)
POP	−0.00186	−0.0196*	0.0155	−0.0000335	−0.00127	0.0169
	(−0.74)	(−1.78)	(1.36)	(−0.01)	(−0.90)	(1.47)
RET	0.00554	−0.0249	0.0473**	−0.00321	0.00493*	0.0490**
	(1.17)	(−1.24)	(2.15)	(−0.72)	(1.90)	(2.21)
Panel D：长期直接效应						
Total	0.000752	0.000202	0.000745	0.000945*	0.000122	0.00179
	(1.43)	(0.28)	(0.80)	(1.78)	(0.57)	(1.43)
IND	0.000605	0.00162	−0.000670	0.0000826	0.000791*	−0.000761
	(0.53)	(1.05)	(−0.34)	(0.08)	(1.75)	(−0.29)
ELE	0.000278	0.00138***	−0.0016**	−0.00001	−0.0001	−0.0018**
	(0.79)	(2.88)	(−2.54)	(−0.03)	(−0.84)	(−2.23)
FDI	−0.000219	0.000213	−0.000370	0.000149	0.0000428	−0.000521
	(−1.05)	(0.74)	(−0.99)	(0.64)	(0.50)	(−1.03)
TEC	0.000117	−0.000233	0.000387	0.0000480	0.000172**	0.000155
	(0.57)	(−0.83)	(1.07)	(0.25)	(2.08)	(0.32)

续表

变量	(1) MI	(2) EC	(3) TC	(4) OBTC	(5) IBTC	(6) MATC
EDU	0.000118	0.000435	−0.000561	−0.000201	−0.000195	−0.000369
	(0.38)	(1.03)	(−1.02)	(−0.67)	(−1.56)	(−0.50)
SAV	−0.000649	−0.00173*	0.00119	0.000765	−0.000273	0.000430
	(−0.86)	(−1.69)	(0.91)	(1.14)	(−0.92)	(0.25)
POP	0.000346	−0.000382	0.000815	−0.000347	−0.0000933	0.00142*
	(1.10)	(−0.89)	(1.48)	(−1.17)	(−0.74)	(1.93)
RET	0.000203	−0.0000575	0.000583	−0.000229	0.000232	0.00101
	(0.52)	(−0.11)	(0.83)	(−0.60)	(1.44)	(1.06)
Panel E：长期间接效应						
Total	0.00696	0.0163*	0.0120	0.00203	0.00138	0.0168
	(1.34)	(1.85)	(0.90)	(0.14)	(0.44)	(0.79)
IND	0.00537	−0.0108*	0.0274***	−0.000864	−0.0075***	0.0541***
	(1.44)	(−1.67)	(2.79)	(−0.10)	(−3.26)	(3.25)
ELE	0.00232	0.0165***	−0.0236***	−0.00532	0.000984	−0.0311***
	(1.05)	(4.35)	(−4.02)	(−0.98)	(0.68)	(−3.24)
FDI	−0.00350	−0.00874**	0.00879	0.00590	0.000505	0.00706
	(−1.58)	(−2.26)	(1.48)	(0.80)	(0.37)	(0.74)
TEC	0.00112	−0.00529*	0.00682	−0.0000520	0.00217**	0.00394
	(0.70)	(−1.94)	(1.64)	(−0.01)	(2.13)	(0.59)
EDU	−0.00673*	0.00183	−0.0140	0.00123	−0.00288	−0.0196
	(−1.74)	(0.27)	(−1.36)	(0.15)	(−1.22)	(−1.18)
SAV	−0.000850	0.0242***	−0.0387***	0.00323	−0.00256	−0.0575***
	(−0.25)	(4.00)	(−4.18)	(0.49)	(−1.23)	(−3.78)
POP	−0.00235	−0.00846*	0.00930	0.000454	−0.00146	0.0157
	(−0.88)	(−1.79)	(1.30)	(0.06)	(−0.84)	(1.38)
RET	0.00578	−0.0113	0.0300**	−0.00650	0.00576*	0.0487**
	(1.14)	(−1.28)	(2.21)	(−0.64)	(1.82)	(2.20)
Panel F：长期总效应						
Total	0.00621	0.0161*	0.0127	0.00108	0.00126	0.0186
	(1.18)	(1.80)	(0.94)	(0.07)	(0.40)	(0.86)

续表

变量	（1）MI	（2）EC	（3）TC	（4）OBTC	（5）IBTC	（6）MATC
IND	0.00598	−0.00915	0.0267***	−0.000782	−0.0067***	0.0533***
	(1.57)	(−1.38)	(2.65)	(−0.09)	(−2.82)	(3.12)
ELE	0.00260	0.0178***	−0.0251***	−0.00534	0.000865	−0.033***
	(1.15)	(4.63)	(−4.21)	(−0.96)	(0.58)	(−3.37)
FDI	−0.00372*	−0.00853**	0.00841	0.00605	0.000548	0.00654
	(−1.66)	(−2.17)	(1.39)	(0.80)	(0.40)	(0.67)
TEC	0.00123	−0.00552**	0.00721*	−0.000004	0.00234**	0.00409
	(0.76)	(−1.98)	(1.70)	(−0.00)	(2.25)	(0.60)
EDU	−0.00661*	0.00227	−0.0146	0.00102	−0.00308	−0.0200
	(−1.69)	(0.33)	(−1.39)	(0.12)	(−1.28)	(−1.18)
SAV	−0.00150	0.0224***	−0.0375***	0.00400	−0.00283	−0.0570***
	(−0.44)	(3.67)	(−3.98)	(0.60)	(−1.33)	(−3.67)
POP	−0.00201	−0.00885*	0.0101	0.000107	−0.00156	0.0171
	(−0.74)	(−1.84)	(1.39)	(0.01)	(−0.88)	(1.47)
RET	0.00598	−0.0113	0.0306**	−0.00673	0.00599*	0.0497**
	(1.17)	(−1.26)	(2.22)	(−0.65)	(1.86)	(2.21)

注：*、**、***分别表示在10%、5%、1%显著性水平下显著；括号内为t统计量；MI代表长江经济带绿色经济效率，EC代表长江经济带绿色经济综合技术效率，TC代表长江经济带绿色经济技术进步，OBTC代表长江经济带绿色经济产出偏向型技术进步，IBTC代表长江经济带绿色经济投入偏向型技术进步，MATC代表长江经济带绿色经济中性技术进步。

表6.6的结果表明，无论是长期还是短期，长江经济带科技创新对绿色经济效率的影响均为正向，但显著性存在较大差异。短期直接效应方面，仅科技创新对长江经济带绿色经济产出偏向型技术进步（OBTC）的估计系数通过显著性检验；短期间接效应方面，科技创新对长江经济带绿色经济综合技术效率（EC）显著为正；短期总效应方面，仍然是科技创新对长江经济带绿色经济综合技术效率（EC）显著为正，其余空间溢出效应估计结果均不显著。

对比短期空间溢出效应及其分解情况，长期直接效应、长期间接效应和长期总效应中科技创新对长江经济带绿色经济效率的空间效应显著性结果一致，其中长期直接效应方面，科技创新对绿色经济产出偏向型技术进步的空间溢出效应高于短期直接效应的估计结果；长期间接效应和长期总效应方面，科技创新对长江经济带绿色经济综合技术效率的空间溢出效应均低于短期估计结果。

6.3.2.2 不同时间段

2014 年 9 月，国务院印发《关于依托黄金水道推动长江经济带发展的指导意见》（以下简称《意见》），意味着长江经济带开始成为国家区域发展战略的重要区域。鉴于此，以 2014 年将研究样本划分为两部分，分别为 2002~2013 年、2014~2019 年。同时以"十五""十一五""十二五""十三五"进行对比分析，结果如表 6.7 所示。

表 6.7 不同时段下长江经济带科技创新对绿色经济效率的空间估计结果分析

变量	(1) 2002~2013 年	(2) 2014~2019 年	(3) 2002~2010 年	(4) 2011~2019 年
L. MI	0.0416 (1.52)	0.0945** (2.07)	0.00494 (0.16)	0.0303 (0.96)
Total	0.00140** (2.09)	0.000937* (1.80)	0.00183** (2.35)	0.000821 (0.99)
W×Total	0.0118 (0.83)	0.0346 (0.88)	0.00243 (0.15)	0.0565*** (2.68)
控制变量	控制	控制	控制	控制
rho	0.487 (1.29)	1.155*** (3.27)	0.0333 (0.07)	1.662*** (6.64)
sigma2_e	0.000045*** (26.58)	0.000043*** (19.71)	0.000038*** (23.38)	0.000041*** (23.35)
N	1188	648	864	972

注：*、**、***分别表示在 10%、5%、1%显著性水平下显著；括号内为 t 统计量；MI 表示长江经济带绿色经济效率。

表 6.7 的估计结果表明，在 2002~2013 年样本组，科技创新对绿色经济效率的影响显著为正（t=2.09，p<0.05），科技创新对绿色经济效率的空间交互影响估计结果显著为正（t=0.83，p>0.1）；在 2014~2019 年样本组，科技创新对绿

色经济效率（t=1.80，p<0.1）的影响显著为正，科技创新对绿色经济效率的空间交互影响为正，但估计结果不显著（t=0.88，p>0.1）。在2002~2010年样本组，科技创新对绿色经济效率的影响显著为正（t=2.35，p<0.05），科技创新对绿色经济效率的空间交互影响估计结果不显著（t=0.15，p>0.1）；在2011~2019年样本组，科技创新对绿色经济效率（t=0.99，p>0.1）的影响同样为正，但结果未通过显著性检验，而科技创新对绿色经济效率的空间交互影响为正，且估计结果不显著（t=2.68，p<0.01）。

同样，为了区分不同时间段科技创新对长江经济带绿色经济效率的空间溢出效应，本节仍使用SDM的偏微分方法进行分解。由于空间权重矩阵的影响，不能直接使用系数反映直接影响和间接影响，而需要通过SDM模型的偏微分方法对溢出效应进行分解后，可以得到不同时间段的直接效应、间接效应和总效应，结果如表6.8所示。无论是长期还是短期，不同时期的样本估计中长江经济带科技创新对绿色经济效率的影响均为正向，但显著性存在较大差异。在正式颁布《意见》前，长江经济带科技创新对绿色经济效率的总的空间溢出效应低于《意见》颁布后，且《意见》颁布前显著性也不明显。"十五""十一五""十二五""十三五"的空间溢出效应对比结果也与之形成对应。对比长期和短期的结果，2002~2013年的样本估计中，长期直接效应、长期间接效应、长期总效应的科技创新影响系数均低于短期的空间溢出效应系数，而2014~2019年样本估计中长期直接效应、长期间接效应和长期总效应的科技创新空间溢出系数显著高于短期空间溢出效应系数。

表6.8 不同时段的长期和短期空间效应分解汇总

变量	（1）2002~2013年	（2）2014~2019年	（3）2002~2010年	（4）2011~2019年
Panel A：短期直接效应				
Total	0.00141** (2.19)	0.000871* (1.74)	0.00186** (2.48)	0.00112** (2.35)
IND	0.00289* (1.79)	0.00305 (0.65)	0.00536*** (2.65)	−0.00139 (−0.52)

续表

变量	（1）2002~2013 年	（2）2014~2019 年	（3）2002~2010 年	（4）2011~2019 年
ELE	−0.0001	0.0008	−0.0008	0.0005
	（−0.16）	（1.36）	（−1.11）	（1.01）
FDI	−0.00073***	−0.00017	−0.00103***	0.000054
	（−2.63）	（−0.33）	（−3.27）	（0.14）
TEC	0.00019	−0.00022	0.000475*	−0.00018
	（0.77）	（−0.34）	（1.72）	（−0.35）
EDU	0.000084	0.00038	−0.00001	0.000315
	（0.18）	（0.64）	（−0.01）	（0.63）
SAV	−0.00063	0.00098	−0.0036***	0.00093
	（−0.56）	（0.58）	（−2.59）	（0.71）
POP	0.000317	−0.00034	−0.0010*	0.00019
	（0.74）	（−0.66）	（−1.82）	（0.49）
RET	0.000904	−0.00022	0.0022***	−0.0005
	（1.52）	（−0.22）	（2.90）	（−0.70）
Panel B：短期间接效应				
Total	0.00305	0.0113*	0.000579	0.0248**
	（0.77）	（1.82）	（0.15）	（2.48）
IND	0.0132***	0.0827***	0.0168***	0.0119
	（2.65）	（2.65）	（2.89）	（0.59）
ELE	−0.00333	0.0229***	−0.0022	0.00794*
	（−0.50）	（4.23）	（−0.31）	（1.79）
FDI	−0.0013	−0.0209***	−0.0031	−0.0087**
	（−0.62）	（−4.47）	（−1.27）	（−2.08）
TEC	0.000923	0.00482	0.00217	−0.00380
	（0.74）	（0.79）	（1.49）	（−0.65）
EDU	−0.00913**	−0.00299	−0.0164***	0.00155
	（−2.47）	（−0.44）	（−2.97）	（0.26）
SAV	−0.0134**	0.00654	−0.0197***	0.000207
	（−2.22）	（1.10）	（−2.83）	（0.04）
POP	−0.00004	−0.00265	−0.00302	−0.0053
	（−0.02）	（−0.47）	（−0.97）	（−1.24）
RET	0.0158**	0.00450	0.0256***	0.00883
	（2.20）	（0.35）	（3.15）	（0.75）

续表

变量	(1) 2002~2013 年	(2) 2014~2019 年	(3) 2002~2010 年	(4) 2011~2019 年
Panel C：短期总效应				
Total	0.00164 (0.41)	0.0104* (1.73)	0.00128 (0.32)	0.0260** (2.52)
IND	0.0161*** (3.10)	0.0857*** (2.71)	0.0221*** (3.63)	0.0105 (0.51)
ELE	−0.00343 (−0.50)	0.0238*** (4.28)	−0.00295 (−0.41)	0.00844* (1.85)
FDI	−0.00202 (−0.96)	−0.0211*** (−4.40)	−0.00410* (−1.69)	−0.0087** (−2.03)
TEC	0.00111 (0.89)	0.00461 (0.74)	0.00265* (1.80)	−0.00398 (−0.66)
EDU	−0.00905** (−2.44)	−0.00261 (−0.39)	−0.0165*** (−2.94)	0.00186 (0.31)
SAV	−0.0140** (−2.32)	0.00751 (1.32)	−0.0233*** (−3.31)	0.00114 (0.22)
POP	0.000273 (0.10)	−0.00299 (−0.52)	−0.00397 (−1.25)	−0.00511 (−1.18)
RET	0.0167** (2.29)	0.00428 (0.33)	0.0278*** (3.36)	0.00829 (0.70)
Panel D：长期直接效应				
Total	0.00135** (2.19)	0.00094* (1.72)	0.00185** (2.48)	0.00118** (2.37)
IND	0.00278* (1.78)	0.0035* (1.68)	0.00533*** (2.65)	−0.00143 (−0.51)
ELE	−0.00009 (−0.16)	0.000956 (1.41)	−0.000749 (−1.11)	0.000522 (1.02)
FDI	−0.0007*** (−2.63)	−0.000226 (−0.39)	−0.00103*** (−3.27)	0.000049 (0.12)
TEC	0.000180 (0.77)	−0.000232 (−0.33)	0.000473* (1.72)	−0.00019 (−0.35)
EDU	0.0000826 (0.18)	0.000416 (0.63)	−0.00001 (−0.01)	0.0003 (0.63)

· 136 ·

续表

变量	（1）2002~2013 年	（2）2014~2019 年	（3）2002~2010 年	（4）2011~2019 年
SAV	−0.000604 （−0.56）	0.00109 （0.59）	−0.00357*** （−2.59）	0.00096 （0.71）
POP	0.000304 （0.74）	−0.000383 （−0.67）	−0.000941* （−1.82）	0.00019 （0.48）
RET	0.000864 （1.51）	−0.000235 （−0.21）	0.00217*** （2.90）	−0.0006 （−0.69）
	Panel E：长期间接效应			
Total	0.00291 （0.77）	0.0132* （1.81）	0.000576 （0.15）	0.0264** （2.45）
IND	0.0126*** （2.66）	0.0964*** （2.62）	0.0167*** （2.89）	0.0126 （0.59）
ELE	−0.00317 （−0.50）	0.0267*** （4.24）	−0.00219 （−0.31）	0.00842* （1.79）
FDI	−0.00123 （−0.62）	−0.0244*** （−4.29）	−0.00306 （−1.27）	−0.0092** （−2.08）
TEC	0.000879 （0.74）	0.00552 （0.77）	0.00216 （1.49）	−0.00406 （−0.65）
EDU	−0.00871** （−2.48）	−0.00342 （−0.43）	−0.0164*** （−2.98）	0.00165 （0.26）
SAV	−0.0128** （−2.23）	0.00767 （1.10）	−0.0196*** （−2.83）	0.00024 （0.04）
POP	−0.00005 （−0.02）	−0.00309 （−0.46）	−0.00301 （−0.97）	−0.00561 （−1.24）
RET	0.0151** （2.21）	0.00525 （0.35）	0.0255*** （3.16）	0.00936 （0.75）
	Panel F：长期总效应			
Total	0.00156 （0.41）	0.0122* （1.73）	0.00127 （0.32）	0.0276** （2.49）
IND	0.0154*** （3.11）	0.0999*** （2.68）	0.0220*** （3.64）	0.0111 （0.51）
ELE	−0.00326 （−0.50）	0.0276*** （4.28）	−0.00294 （−0.41）	0.00894* （1.85）

续表

变量	（1）2002~2013 年	（2）2014~2019 年	（3）2002~2010 年	（4）2011~2019 年
FDI	-0.00193	-0.0246***	-0.00408*	-0.0092**
	(-0.97)	(-4.23)	(-1.70)	(-2.02)
TEC	0.00106	0.00529	0.00263*	-0.00424
	(0.89)	(0.72)	(1.80)	(-0.66)
EDU	-0.00862**	-0.00300	-0.0164***	0.00198
	(-2.45)	(-0.38)	(-2.94)	(0.31)
SAV	-0.0134**	0.00876	-0.0232***	0.00120
	(-2.33)	(1.31)	(-3.31)	(0.22)
POP	0.000258	-0.00348	-0.00395	-0.00542
	(0.10)	(-0.52)	(-1.25)	(-1.18)
RET	0.0160**	0.00502	0.0277***	0.00882
	(2.30)	(0.33)	(3.37)	(0.69)

注：＊、＊＊、＊＊＊分别表示在10%、5%、1%显著性水平下显著；括号内为 t 统计量。

6.4　作用机制检验

区域绿色经济效率受到科技创新的多种路径影响，但核心因素可以抽象为要素配置和产业结构。科技创新在区域绿色经济发展中兼具创新向绿色创新转变和推动经济增长双重作用。主要体现在要素合理化配置和产业结构升级等方面，而要素合理化配置主要依赖于科技创新的要素配置效应，产业结构升级主要得益于科技创新的产业结构优化。因此，研究科技创新对区域绿色经济效率的影响重点在于深入剖析科技创新影响区域绿色经济效率的内在机理，尤其是要素配置、产业结构优化的作用路径和影响机制，需要进行系统性解析。

6.4.1 基于要素配置视角

本节基于第 2 章的理论分析框架，选取劳动生产率（劳动工资总额/经济增加值）和资本生产率（资本存量/经济增加值），检验科技创新是否通过要素配置影响长江经济带绿色经济效率的机制，结果如表 6.9 和表 6.10 所示。

表 6.9　劳动生产率影响科技创新对绿色经济效率的机制检验

变量	(1) 第一步：绿色经济效率	(2) 第二步：劳动生产率	(3) 第三步：绿色经济效率
L. MI	0.0399 * (1.78)		0.0394 * (1.76)
L. LEFF		0.302 *** (12.75)	
LEFF			0.00397 ** (2.40)
Total	0.000792 ** (2.51)	0.000942 * (1.78)	0.000783 ** (2.49)
IND	0.000383 (0.33)	0.00266 (1.01)	0.000232 (0.20)
ELE	0.000243 (0.69)	0.00103 (1.27)	0.000206 (0.58)
FDI	−0.000167 (−0.80)	−0.000112 (−0.23)	−0.000176 (−0.84)
TEC	0.0000882 (0.45)	0.0000863 (0.19)	0.0000831 (0.42)
EDU	0.000203 (0.72)	−0.000122 (−0.19)	0.000170 (0.60)
SAV	−0.000547 (−0.71)	0.00565 *** (3.19)	−0.000369 (−0.47)
POP	0.000333 (1.09)	−0.00120 * (−1.71)	0.000343 (1.12)
RET	0.000094 (0.24)	−0.00128 (−1.45)	0.000102 (0.26)
W×Total	0.0170 (1.50)	−0.00685 (−0.26)	0.0174 (1.54)
W×IND	0.0109 (1.30)	0.0212 (1.04)	0.0159 * (1.70)

续表

变量	（1）第一步：绿色经济效率	（2）第二步：劳动生产率	（3）第三步：绿色经济效率
W×ELE	0.00521 （1.00）	−0.0241* （−1.93）	0.00229 （0.40）
W×FDI	−0.00773 （−1.60）	−0.00212 （−0.19）	−0.00779 （−1.61）
W×TEC	0.00277 （0.77）	−0.000719 （−0.09）	0.00176 （0.48）
W×EDU	−0.0158* （−1.92）	−0.0303 （−1.60）	−0.0151* （−1.82）
W×SAV	−0.00165 （−0.20）	0.0109 （0.59）	−0.000287 （−0.04）
W×POP	−0.00580 （−0.99）	0.0221 （1.58）	−0.00299 （−0.48）
W×RET	0.0135 （1.26）	0.0427* （1.71）	0.0155 （1.43）
W×LEFF			−0.182 （−1.15）
rho	1.602*** （8.18）	0.806*** （2.96）	1.586*** （8.07）
sigma2_e	0.0000462*** （32.02）	0.000242*** （32.06）	0.0000462*** （32.02）
N	1836	1836	1836

注：*、**、***分别表示在10%、5%、1%显著性水平下显著；括号内为t统计量；MI表示长江经济带绿色经济效率。

表6.10　资本生产率影响科技创新对绿色经济效率的机制检验

变量	（1）第一步：绿色经济效率	（2）第二步：资本生产率	（3）第三步：绿色经济效率
L.MI	0.0399* （1.78）		0.0403* （1.80）
L.KEFF		0.829*** （56.05）	
KEFF			0.00468** （2.53）
Total	0.000792** （2.51）	0.000817* （1.88）	0.000779** （2.48）

续表

变量	(1) 第一步：绿色经济效率	(2) 第二步：资本生产率	(3) 第三步：绿色经济效率
IND	0.000383 (0.33)	0.000778 (0.38)	0.000340 (0.29)
ELE	0.000243 (0.69)	0.0000249 (0.04)	0.000262 (0.74)
FDI	−0.000167 (−0.80)	−0.0000150 (−0.04)	−0.000178 (−0.85)
TEC	0.0000882 (0.45)	−0.000115 (−0.33)	0.0000862 (0.44)
EDU	0.000203 (0.72)	−0.0000665 (−0.13)	0.000195 (0.69)
SAV	−0.000547 (−0.71)	0.000598 (0.44)	−0.000529 (−0.69)
POP	0.000333 (1.09)	0.00104* (1.91)	0.000338 (1.10)
RET	0.000094 (0.24)	0.000799 (1.16)	0.00008 (0.21)
W×Total	0.0170 (1.50)	0.0198 (0.99)	0.0172 (1.51)
W×IND	0.0109 (1.30)	−0.224*** (−12.24)	0.00860 (0.77)
W×ELE	0.00521 (1.00)	−0.00698 (−0.77)	0.00539 (1.03)
W×FDI	−0.00773 (−1.60)	0.0126 (1.48)	−0.00792 (−1.63)
W×TEC	0.00277 (0.77)	0.0239*** (3.82)	0.00262 (0.73)
W×EDU	−0.0158* (−1.92)	0.00830 (0.56)	−0.0150* (−1.80)
W×SAV	−0.00165 (−0.20)	0.0208 (1.44)	−0.00203 (−0.25)
W×POP	−0.00580 (−0.99)	0.00858 (0.83)	−0.00552 (−0.94)
W×RET	0.0135 (1.26)	−0.0378** (−1.98)	0.0133 (1.24)
W×KEFF			0.0326 (0.23)

变量	（1）第一步：绿色经济效率	（2）第二步：资本生产率	（3）第三步：绿色经济效率
rho	1.602*** (8.18)	2.955*** (14.83)	1.596*** (8.11)
sigma2_e	0.0000462*** (32.02)	0.000143*** (31.58)	0.0000462*** (32.02)
N	1836	1836	1836

注：*、**、***分别表示在10%、5%、1%显著性水平下显著；括号内为 t 统计量；MI 表示长江经济带绿色经济效率。

6.4.1.1 劳动生产率

表6.9中结果（1）是没有劳动生产率（LEFF）的回归结果，结果（2）是以劳动生产率作为被解释变量加入回归的结果，结果（3）是添加劳动生产率的估计结果。从全样本回归结果看：第一步回归与前述内容中的基准模型一致，科技创新对长江经济带绿色经济效率 MI 的影响系数显著为正；第二步回归中，科技创新对中介变量劳动生产率（LEFF）的影响系数显著为正；第三步科技创新和劳动生产率对长江经济带绿色经济效率的影响分别显著为正和负，表明劳动生产率是科技创新影响长江经济带绿色经济效率 MI 的传导途径。

由回归结果可知：科技创新的空间交互项的系数显著为正，而直接影响效应会随着控制变量增多略微下降，但不改变影响的方向和显著性，表明科技创新确实能够通过劳动生产率促进区域绿色经济效率。整体而言，目前长江经济带科技创新仍在发挥着积极影响，主要是通过科技创新的要素配置产生作用，加速了区域经济增长，这与《意见》的目标之一相吻合，成为区域绿色经济增长的重要推动力。

6.4.1.2 资本生产率

本节在估算全样本的基础上，以资本生产率为中介变量的回归结果见表6.10。参考表6.9的计算过程，表6.10中包含了空间中介效应的估计结果。从表6.10中的全样本回归结果看：第一步回归与前述内容中的基准模型一致，科技创新对长江经济带绿色经济效率的影响系数显著为正；第二步回归中，科技创新对中介变量的影响系数显著为正（t=56.05，p<0.01）；第三步科技创新和资本生产率对长江经济带绿色经济效率的影响均显著为正，表明资本生产率是科技创新影响长江经济带绿色效率 MI 的传导途径。从模型的回归结果看，我们发现，资本生产率对长江经济带绿色经济效率具有显著的正向影响。

6.4.2 基于产业结构视角

基于第2章的理论分析，本节从产业结构（第二产业增加值与第三产业增加值之和除以 GDP）角度检验科技创新对长江经济带绿色经济效率的机制，结果如表6.11所示。从表6.11中的全样本回归结果看：第一步回归与前述内容中的基准模型一致，科技创新对长江经济带绿色经济效率的影响系数显著为正；第二步回归中，科技创新对中介变量的影响系数显著为正（t=78.91，p<0.01）；第三步科技创新和资本生产率对长江经济带绿色经济效率的影响均显著为正，表明产业结构优化效应是科技创新影响长江经济带绿色经济效率的传导途径。

表6.11 产业结构影响科技创新对绿色经济效率的机制检验

变量	（1）第一步：绿色经济效率	（2）第二步：产业结构	（3）第三步：绿色经济效应
L. MI	0.0399 * （1.78）		0.0372 * （1.66）
L. UI		1.282 *** （78.91）	
UI			0.0000582 * （1.82）
Total	0.000792 ** （2.51）	0.307 *** （2.80）	0.000781 ** （2.49）
IND	0.000383 （0.33）	−5.246 *** （−21.55）	0.000201 （0.17）
ELE	0.000243 （0.69）	0.317 *** （4.31）	0.000207 （0.59）
FDI	−0.000167 （−0.80）	−0.0220 （−0.50）	−0.000195 （−0.92）

续表

变量	（1）第一步：绿色经济效率	（2）第二步：产业结构	（3）第三步：绿色经济效应
TEC	0.0000882	−0.542***	0.000067
	(0.45)	(−13.12)	(0.34)
EDU	0.000203	0.0331	0.000184
	(0.72)	(0.56)	(0.65)
SAV	−0.000547	−1.065***	−0.000559
	(−0.71)	(−6.64)	(−0.73)
POP	0.000333	−0.696***	0.000341
	(1.09)	(−10.85)	(1.11)
RET	0.000094	−0.215***	0.000138
	(0.24)	(−2.66)	(0.36)
W×Total	0.0170	266.8***	0.0186
	(1.50)	(112.93)	(1.64)
W×IND	0.0109	75.01***	0.0126
	(1.30)	(42.70)	(1.49)
W×ELE	0.00521	−8.877***	0.00278
	(1.00)	(−8.11)	(0.51)
W×FDI	−0.00773	38.34***	−0.00878*
	(−1.60)	(38.13)	(−1.79)
W×TEC	0.00277	−22.43***	0.00194
	(0.77)	(−30.33)	(0.54)
W×EDU	−0.0158*	−49.70***	−0.0157*
	(−1.92)	(−29.00)	(−1.91)
W×SAV	−0.00165	−112.8***	−0.0111
	(−0.20)	(−58.72)	(−1.09)
W×POP	−0.00580	50.89***	−0.00361
	(−0.99)	(41.15)	(−0.60)
W×RET	0.0135	110.2***	0.0196*
	(1.26)	(47.54)	(1.72)
W×UI			0.00294
			(1.43)
rho	1.602***	11.99***	1.602***
	(8.18)	(39.41)	(8.19)
sigma2_e	0.0000462***	2.158***	0.0000461***
	(32.02)	(34.24)	(32.02)
N	1836	1836	1836

注：*、**、***分别表示在10%、5%、1%显著性水平下显著；括号内为t统计量。

6.5　本章小结

　　本章在第3章及第4章构建的绿色经济效率的指标体系以及科技创新水平指数的前提下,通过分析科技创新对长江经济带绿色经济效率的影响,构建空间面板模型进行分析,估计结果表明,在空间面板纷繁复杂的模型中,选用空间杜宾模型的效果最好,因为其考虑了科技创新对长江经济带绿色经济效率的直接效应和空间效应。理论模型研究结果表明,科技创新正向影响绿色经济效率,继而本章从实证角度检验科技创新对长江经济带绿色经济效率的影响以及科技创新的要素配置效应和产业结构优化对长江经济带绿色经济效率的机制路径。从全样本检验看,科技创新对长江经济带绿色经济效率确实具有明显的推动作用,且检验结果十分稳健。从不同时间段和绿色经济分解效率等异质性分组回归看,科技创新依然显著促进了长江经济带绿色经济效率,其空间交互影响效应差异较大。从科技创新对长江经济带绿色经济效率的空间溢出效应分解结果看,对比长期和短期的结果,2002～2013年的样本估计中,长期直接效应、长期间接效应、长期总效应的科技创新影响系数均低于短期的空间溢出效应系数,而2014～2019年样本估计中长期直接效应、长期间接效应和长期总效应的科技创新空间溢出系数显著高于短期的空间溢出效应系数。从机制检验结果看,科技创新确实能够通过要素配置效应提升长江经济带绿色经济效率;产业结构优化对长江经济带绿色经济效率具有显著的正向影响。

7 长江经济带科技创新政策对绿色经济效率的影响

通过第 5 章、第 6 章的研究可以看到，从水平维度看，长江经济带科技创新显著促进了绿色经济效率的提升，并且要素配置和产业结构优化对长江经济带绿色经济效率均具有正向影响。鉴于科技政策在整个区域科技创新体系中的独特作用，本章从区域科技创新投入与供给要素中专门选取科技创新政策，研究其对长江经济带绿色经济效率的影响。

7.1 问题提出及理论假设

7.1.1 问题提出

政策供给是区域科技创新投入与供给这一要素的重要组成部分。推动区域协调发展，需要政府介入科技资源的市场配置过程，而不是单纯地依靠市场机制配置（王业强，2017）。科技创新政策是政府介入市场配置的重要抓手，21 世纪以来，我国科技创新取得的进步与科技创新政策实施密切相关（张永安等，2015）。鉴于政策供给与其他科技创新要素的指标在类别上的差异性，同时考虑到政策供给是政府发挥主观能动性调控经济的重要抓手，其在实践层面上具有特殊的重要价值。因此，单列一章研究长江经济带科技创新政策供给对绿色经济效率的影响。

长江经济带是当前我国新一轮改革开放转型、实施新区域高质量发展的主要战略区域。近年来，国家围绕长江经济带的区域发展制定了一系列政策，尤其是《国务院关于依托黄金水道推动长江经济带发展的指导意见》《长江经济带发展规划纲要》《长江经济带生态环境保护规划》《长江经济带沿江取水口、排污口和应急水源布局规划》《长江岸线保护和开发利用总体规划》等为长江经济带高质量发展尤其是生态环境保护制定了系列规划。科技创新是驱动长江经济带经济转型升级和高质量发展的第一动力，我国从 2006 年开始出台科技创新规划，制定《国家中长期科学和技术发展规划纲要（2006—2020）》，2009 年开始，国家相关部委开始制定科技创新相关配套政策和规划。2016 年，国家科技创新的相关政策快速增加。从 2016 年开始，政府围绕长江经济带科技创新制定了一系列相关政策，如表 7.1 所示。

表 7.1　长江经济带科技创新发展相关政策

政策供给	时间	与长江经济带科技创新相关内容
《长江经济带创新驱动产业转型升级方案》	2016 年 3 月	加快创新驱动促进产业转型升级，构建长江经济带现代产业走廊
《国家创新驱动发展战略纲要》	2016 年 5 月	提升京津冀、长江经济带等国家战略区域科技创新能力，打造区域协同创新共同体，统筹和引领区域一体化发展
《关于印发国家技术转移体系建设方案的通知》	2017 年 9 月	促进科技成果在京津冀、长江经济带等地区转移转化
《国家技术创新中心建设工作指引》	2017 年 11 月	围绕落实"一带一路"建设，京津冀协同发展、长江经济带发展等区域协调发展战略，以及北京、上海科技创新中心建设等国家重大创新战略，统筹考虑国家技术创新中心建设区域布局
《关于加强国家重点实验室建设发展的若干意见》	2018 年 6 月	围绕京津冀、长江经济带、粤港澳大湾区等区域发展需求，推动实验室联盟建设
《关于构建市场导向的绿色技术创新体系的指导意见》	2019 年 5 月	优先在京津冀、长江经济带、珠三角等地区布局全国建设基础性长期性野外生态观测研究站等科研监测观测网络和一批科学数据中心

政策供给	时间	与长江经济带科技创新相关内容
《国家新一代人工智能创新发展试验区建设工作指引》	2019年9月	重点围绕京津冀协同发展、长江经济带发展、粤港澳大湾区建设、长三角区域一体化发展等重大区域发展战略进行布局，推动人工智能成为区域发展的重要引领力量
《长三角科技创新共同体建设发展规划》	2020年12月	以国家实验室为引领，以重大科技基础设施集群为依托，联合提升原始创新能力，强化核心技术协同攻关，提高重大创新策源能力，推动长三角地区成为以科技创新驱动高质量发展的强劲动力源

资料来源：科技部政策文件库。

不同政策之间的联系状态主要包括"打架""配套"等直接明显的关系状态和不发生联系的状态，将表7.1中的8项政策进行文本挖掘，可以发现，上述8项政策主要存在"配套"联系关系。基于长江经济带科技创新视角，最早出台的《长江经济带创新驱动产业转型升级方案》（以下简称《方案》）是典型突破式、供给型政策，其系统、完整提出了推动长江经济带科技创新与转型升级的内容，紧随其后出台的《国家创新驱动发展战略纲要》是对前一政策在范围上的延伸，其余6项政策均是对《长江经济带创新驱动产业转型升级方案》的部分配套与细化补充。

与此同时，《方案》是目前长江经济带经济发展过程中的最主要政策措施，重点任务包括建设国家自主创新示范区、成立产业技术创新战略联盟等任务。其中，在建设国家自主创新示范区方面，《方案》提出在上海张江、苏南、武汉东湖、长株潭、合芜蚌、成都等区域建立国家自主创新示范区和建立绵阳科技城①，开展科技金融、科技成果产权管理、人才评价、知识产权管理、运用和保护等方面的改革试验。结合第5章、第6章的分析可以发现，自2016年的《方案》实施以来，自主示范区对长江经济带的城市绿色经济效率的影响尚不明确，

---

① 具体包括的长江经济带城市有南京、苏州、无锡、常州、镇江、武汉、长沙、株洲、湘潭、益阳、娄底、岳阳、常德、衡阳、合肥、芜湖、蚌埠、成都、绵阳。

评价科技创新实施方案批设的试点是否促进了试点城市的绿色经济效率，又在多大程度上促进了这些城市的绿色经济效率，对于分析科技创新政策的科学性、有效性并以此为其试点布局调整优化提出建议等均具有一定的现实意义。而现有研究缺乏科技创新示范作用对城市绿色经济效率的影响分析，鲜有研究采用政策评估方法动态考察科技创新的绿色经济效率政策效应，且忽略网络外部性问题，缺乏科技创新政策对绿色经济效率的空间溢出效应分析。

鉴于上述原因，本章拟结合双重差分空间计量模型，试图考察长江经济带科技创新建设实施方案对城市绿色经济效率的影响，并从"本地—邻地"城市绿色经济效率的角度揭示科技创新建设实施方案对区域经济绿色发展的影响。

7.1.2 理论假设

7.1.2.1 区域科技创新政策影响绿色经济效率的直接效应

政策红利推动科技创新。相关科技创新政策文件的出台能够较大程度上引导社会经济发展，对地区行业特征以及企业研发的积极性和主动性均有较大影响（Edler 和 Fagerberg，2017）。地方经济发展趋向科学技术的应用必然会引致生产组织的重构。熊彼特的"破坏性创新"经济增长理论认为，在竞争性的经济生活中，新组合意味着对旧组织通过竞争加以消灭（Mahto 等，2020）。由于行业性质和发展阶段存在差异，科技创新政策对劳动力绿色经济效率的作用强度和作用方向在不同行业表现上截然不同，因此科技创新政策可能对绿色经济效率的影响表现出双重效果（Wilson 和 Tyfield，2018）。一方面，科技创新政策以及实现的科技创新发展引发的"挤出效应"可能对绿色经济效率造成不利冲击。摩尔定律的存在使技术要素替代弹性变化，抑制传统要素需求，导致经济出现结构性变化。另一方面，科技创新政策以及实现的科技创新发展引起的"补偿效应"可能提升绿色经济效率。科技创新政策的出台与应用会产生新业态，催生相关信息产业（如信息制造业、互联网服务业等），助力数字经济，刺激新需求，形成新业态，增加绿色经济岗位，其总效应取决于"挤出效应"与"补偿效应"两种效应的净效应。

基于此，本章提出以下研究假设：

假设 7-1：区域科技创新政策对绿色经济效率的影响呈现出双重效应，预期净效应为正，即科技创新政策提升绿色经济效率水平。

假设 7-2：科技创新政策的绿色经济效率效应存在异质性。

7.1.2.2 区域科技创新政策对绿色经济效率影响的空间溢出效应

万物互联时代，经济要素空间分布发生变化，以科技创新为载体的生产要素正在重塑中国的经济地理格局，具有显著的空间溢出效应，科技创新政策推动地区创新发展，通过技术促使各种要素跨区域循环，将各个区域的经济活动连成一个整体。一方面，科技创新试点政策在本质上是中央前瞻政策和地方发展战略指引下的牵引式集聚，通过制定优惠的科技创新试点政策，在试点区域内部形成政策"注地"，引致互联网、软件等高新技术产业集聚，从而对周边区域绿色经济资源要素产生掠夺。另一方面，科技创新政策可能通过信息共享效应和扩散效应带动周边区域的经济发展和配置效率提升，从而表现为空间正溢出效应，这意味着科技创新政策可通过"辐射效应"带动周边地区绿色经济效率。

基于此，本章提出以下研究假设：

假设 7-3：区域科技创新政策具有空间溢出效应，可能通过提高周边区域产业和要素配置效率带动邻地绿色经济效率。

7.2 模型构建与变量选取

7.2.1 模型构建

借鉴刘传明和马青山（2020）的做法，将《长江经济带创新驱动产业转型升级方案》政策视为一项准自然实验，使用空间双重差分法评估科技创新设施建设对绿色经济效率的政策影响。一般性的双重差分模型构建的计量模型如式（7.1）所示：

$$\ln MI_{it} = \beta_0 + \beta_1 treat_{it} \times year_{it} + \gamma \sum X_{it} + \delta_i + \lambda_t + \varepsilon_{it} \qquad (7.1)$$

式中，MI 为被解释变量，表示第 i 个城市 t 年的绿色经济效率；treat×year 表示长江经济带科技创新政策实施，用《方案》政策作为其代理变量。其中，在 treat 变量中，《方案》涉及的试点城市赋值为 1，非试点城市赋值为 0；year 为政策时间虚拟变量，将政策实施当年及其以后年份设定为 1，否则为 0；估计系数 β 为试点政策的效果；X 为一系列控制变量。为了考察科技创新政策设施建设的外部性作用，构造空间双重差分模型（SDID），空间双重差分模型的核心是将时间和政策的交互项引入式（7.1）的模型中，以使用较为广泛的空间滞后模型为例，推导自变量空间滞后双重差分模型，基准的空间计量模型及其变式如式（7.2）所示：

$$\ln MI_{it} = \alpha_0 + X'\beta_i + WX'\gamma_i + \varepsilon_{it} \qquad (7.2)$$

$$\ln MI_{it} = \alpha_0 + (\beta_3 + W\gamma_3)(Post_t \times Treat_i) + X'\beta_i + WX'\gamma_i + \varepsilon_{it} \qquad (7.3)$$

式中，$WX'\gamma_i$ 为解释变量的空间滞后项。将交互项提取后得到第二个公式，β_3 测度的是直接效应，γ_3 测度的是间接效应。此时等式右侧并不包含被解释变量 MI 的空间滞后项，故模型可以视为普通的线性模型。在此基础上，进一步加入被解释变量的空间滞后项，即可得到空间杜宾—差分模型（SDM-DID）：

$$\ln MI_{it} = \alpha + \rho \sum_j W_{ij}\ln MI_{jt} + \beta Total_{it} + \theta \sum_j W_{ij}Total_{jt} + \gamma X_{it} +$$

$$\varphi \sum_j W_{ij}X_{jt} + \mu_i + v_t + \varepsilon_{it} \qquad (7.4)$$

相比于基准的 DID 模型中，SDID 模型通过对空间溢出效应的考察，有效弥补了政策施行对控制组的作用力度和作用方向观测不足的缺陷。第一，政策溢出效应会随空间关系的减弱而衰减，这一关系的考察与空间权重矩阵的选择紧密相关。第二，溢出效应可能有正有负，这也是空间计量模型最大的特征之一：解除了各样本之间的相互独立假设。

7.2.2　变量选取

7.2.2.1　被解释变量

本章的被解释变量为长江经济带城市绿色经济效率，用总指数 MI 表示，分解指数用作稳健性检验。

7.2.2.2　核心解释变量

本章的核心解释变量为科技创新政策。将《长江经济带创新驱动产业转型升级方案》试点政策视为一项准自然实验，作为科技创新政策的代理变量，《方案》涉及的试点城市设置为 1，非试点城市为 0，政策实施当年及之后赋值为 1，实施之前为 0。

7.2.2.3　控制变量

本章的控制变量沿用第 6 章的选择结果，具体包括工业集聚水平、全社会用电量、外商直接投资、科技预算支出、教育预算支出、个人储蓄存款、人口自然增长率、社会消费零售总额等。

7.3　实证分析结果及检验

7.3.1　基准回归结果

7.3.1.1　空间 DID 模型有效性检验

为了检验假说 7-2 中长江经济带科技创新政策实施效果对区域绿色经济效率带动效应的异质性，图 7.1 显示了在 95% 的置信区间变量 did 的系数随时间的推移情况。可以发现，从《方案》实施后第 1 年开始，科技创新在一定时间段显著带动了绿色经济效率，但从第 2 年开始，科技创新政策对所在城市绿色经济效率的带动效应开始下降。

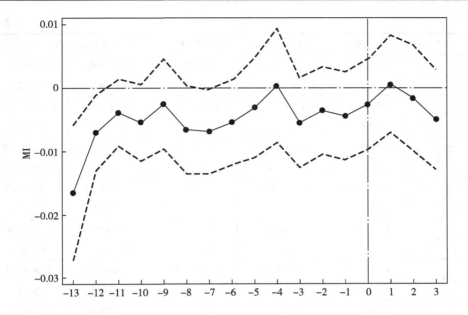

图7.1 长江经济带科技创新政策对绿色经济效率影响的有效性检验

7.3.1.2 基准估计

为了进一步确定长江经济带科技创新政策实施对绿色经济效率空间效应，本节利用双重差分空间杜宾模型进行了实证检验。表7.2是《方案》实施中的科技创新对绿色经济效率的双重差分空间计量模型极大似然估计结果及其对比，其中模型（1）为 DID 估计的基准回归结果，模型（2）~模型（5）分别为 SAR、SDM、SAC 和 SEM 模型的 DID 估计。依据 R^2、log L、sigma2_e 统计量的显著性，SDM 模型 DID 估计拟合效果较好，实证结果可信。空间溢出系数显著为正，说明《方案》对绿色经济效率具有显著的正向空间溢出效应。

表7.2 长江经济带科技创新政策对绿色经济效率的空间 DID 估计结果

变量	（1）DID	（2）SARDID	（3）SDMDID	（4）SACDID	（5）SEMDID
spatial did	0.00293**	0.00282***	0.00201**	0.00285***	0.00253***
	(2.03)	(3.21)	(2.21)	(3.42)	(2.77)
W×spatial did			0.0331***		
			(3.39)		

续表

变量	(1) DID	(2) SARDID	(3) SDMDID	(4) SACDID	(5) SEMDID
Total	0.000862	0.000306	0.000112	0.000706	0.000411
	(1.57)	(0.91)	(0.33)	(1.48)	(1.15)
IND	0.00155	0.00132 ***	0.00116 **	0.00124	0.00149 ***
	(0.81)	(2.58)	(2.30)	(1.57)	(2.64)
ELE	−0.000311	−0.0000118	0.0000112	−0.000244	−0.0000146
	(−1.57)	(−0.14)	(0.14)	(−1.60)	(−0.17)
FDI	−0.0000113	0.000137	0.000143 *	−0.0000184	0.000154 *
	(−0.09)	(1.64)	(1.75)	(−0.15)	(1.83)
TEC	0.0000941	0.000126	0.000101	0.0000190	0.000138
	(0.76)	(1.43)	(1.15)	(0.20)	(1.50)
EDU	−0.000129	0.0000111	0.0000330	−0.000140	0.0000159
	(−1.47)	(0.13)	(0.39)	(−0.97)	(0.18)
SAV	0.0000485	−0.000958 ***	−0.00111 ***	−0.000426	−0.00100 ***
	(0.07)	(−3.44)	(−4.03)	(−0.94)	(−3.42)
POP	−0.0000817	−0.000164	−0.000120	0.0000933	−0.000234
	(−0.29)	(−0.79)	(−0.58)	(0.41)	(−1.09)
RET	0.0000404	0.0000381	0.00000765	0.000120	0.0000372
	(0.27)	(0.44)	(0.09)	(0.65)	(0.42)
截距项	−0.000625	0.00456	0.00693 **		0.00473
	(−0.05)	(1.53)	(2.31)		(1.34)
rho		1.712 ***	1.527 ***	2.723 ***	
		(9.73)	(8.10)	(25.04)	
lambda				−2.398 ***	1.766 ***
				(−9.64)	(9.51)
lgt_theta		2.324 ***	2.704 **		
		(2.88)	(2.35)		
sigma2_e		0.0000489 ***	0.0000488 ***	0.0000457 ***	0.0000489 ***
		(30.20)	(30.18)	(32.44)	(30.23)
ln_phi					−4.339 ***
					(−5.88)
N	1944	1944	1944	1944	1944

注: *、**、*** 分别表示在 10%、5%、1% 显著性水平下显著；括号内为 t 统计量。

表 7.2 结果显示，变量 did 的系数在 5% 的统计水平下显著为正，表明科技创新政策实施对所在试点城市的绿色经济效率具有显著带动效应。控制变量的估计结果也保持与理论预期一致。根据表 7.2 模型（3），《方案》实施后会导致试点城市绿色经济效率提高约 0.201 个百分点，这对一个城市的绿色经济效率增长而言是相当明显的增幅。空间交互 DID 的结果系数为 0.0331，在 1% 的水平下显著通过检验。空间交互 DID 的估计系数显著高于 DID 的结果，说明科技创新政策的试点效果对邻近城市的积极效应高于对自身的正向影响。因此，假说 7-1 和假说 7-3 揭示的科技创新政策对所在城市绿色经济效率的带动效应具有很强的统计与经济显著性。

表 7.2 的回归（3）结果表明，区域科技创新对长江经济带绿色经济效率的影响为正，与第 6 章的估计结果一致，但空间 DID 的估计中科技创新的估计结果均不显著。此外，长江经济带的城市工业集聚水平、全社会用电量、外商直接投资、科技预算支出、教育预算支出、社会消费零售总额系数为正，其中，工业集聚水平和外商直接投资的估计系数显著通过检验，说明长江经济带科技创新政策实施对绿色经济效率表现出显著的市场—政府寻求动机以及资源寻求动机；而个人储蓄存款、人口自然增长率估计系数为负，个人储蓄率的待估参数显著通过检验。对以上实证结果的解释为：区域科技创新政策实施的试点城市市场开放程度有限。

7.3.2 分解指数异质性

7.3.2.1 空间 DID 模型有效性检验

为了进一步区分区域科技创新政策实施对绿色经济不同分解效率的异质性影响，本节将绿色经济效率替换为绿色经济综合技术效率、绿色经济技术进步、绿色经济产出偏向型技术进步、绿色经济投入偏向型技术进步和绿色经济中性技术进步，分别对假说 7-2 进行检验。图 7.2～图 7.6 分别报告了长江经济带科技创新政策实施对绿色经济分解效率的影响，其中，长江经济带科技创新政策实施对绿色经济技术进步、绿色经济产出偏向型技术进步和绿色经济中性技术进步的影响逐步提高，而对绿色经济综合技术效率和绿色经济投入偏向型技术进步的影响则随着政策实施时间越长其系数越小。

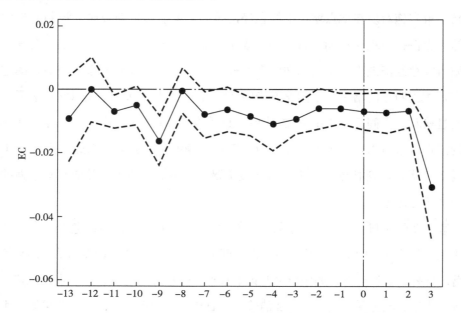

图 7.2　长江经济带科技创新政策对绿色经济综合技术效率影响的有效性检验

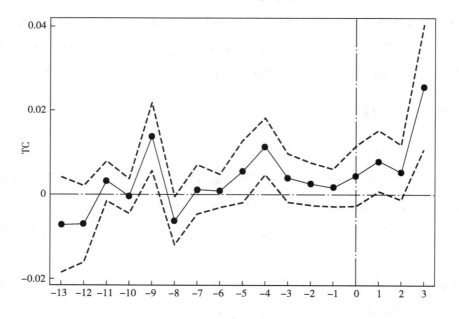

图 7.3　长江经济带科技创新政策对绿色经济技术进步影响的有效性检验

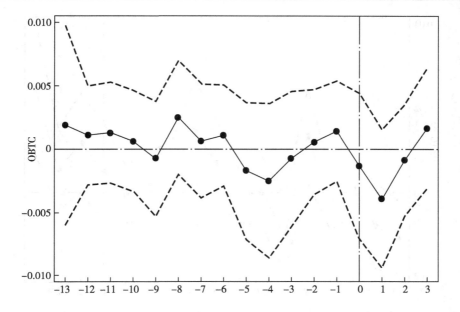

图 7.4 长江经济带科技创新政策对绿色经济产出偏向型技术进步影响的有效性检验

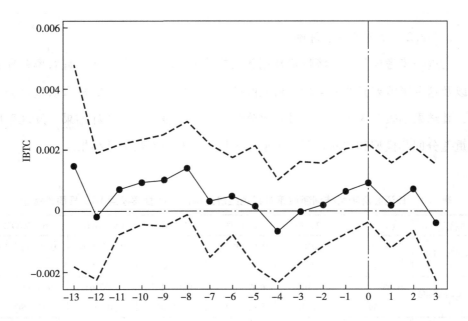

图 7.5 长江经济带科技创新政策对绿色经济投入偏向型技术进步影响的有效性检验

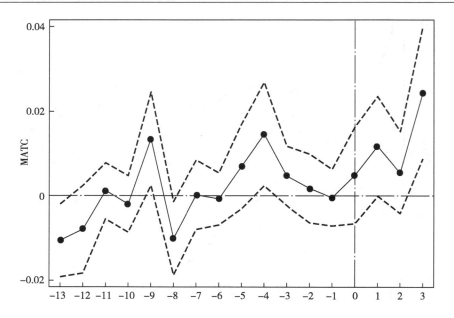

图 7.6　长江经济带科技创新政策对绿色经济中性技术进步影响的有效性检验

7.3.2.2　异质性结果讨论

为进一步考虑长江经济带科技创新实施政策对绿色经济不同分解效率差异影响以及这一影响差异的显著性。对匹配的样本数据进行空间杜宾模型双重差分估计，其结果如表 7.3 所示。通过对比分析表 7.2 和表 7.3 的估计结果，发现采用双重差分回归模型和空间自回归模型，可以获得有效参数估计结果。

表 7.3　长江经济带科技创新政策对绿色经济效率的空间杜宾模型 DID 异质性检验

变量	（1）MI	（2）EC	（3）TC	（4）OBTC	（5）IBTC	（6）MATC
spatial did	0.00201 **	−0.00507 ***	0.00705 ***	−0.00141 **	0.0000062	0.00919 ***
	(2.21)	(−3.18)	(4.12)	(−1.99)	(0.02)	(4.40)
W×spatial did	0.0331 ***	−0.0364 **	0.0567 ***	−0.0242 ***	0.00361	0.0873 ***
	(3.39)	(−2.18)	(3.07)	(−3.14)	(0.98)	(3.79)
Total	0.000112	0.000397	−0.000499	0.000469	0.000126	−0.00146 *
	(0.33)	(0.69)	(−0.81)	(1.53)	(0.88)	(−1.76)

续表

变量	(1) MI	(2) EC	(3) TC	(4) OBTC	(5) IBTC	(6) MATC
IND	0.00116**	-0.00192**	0.00286***	-0.000466	0.0000159	0.00409***
	(2.30)	(-2.22)	(3.08)	(-0.93)	(0.07)	(3.19)
ELE	0.0000112	-0.00023*	0.000236	0.0000002	0.0000141	0.000348
	(0.14)	(-1.65)	(1.58)	(0.00)	(0.38)	(1.62)
FDI	0.000143*	0.0000630	0.0000892	-0.0000075	0.0000136	-0.000028
	(1.75)	(0.45)	(0.60)	(-0.10)	(0.38)	(-0.13)
TEC	0.000101	0.000195	-0.0000577	-0.000141*	-0.000076**	0.000187
	(1.15)	(1.28)	(-0.35)	(-1.83)	(-2.04)	(0.87)
EDU	0.0000330	-0.000167	0.000204	0.0000062	0.0000283	0.000142
	(0.39)	(-1.15)	(1.30)	(0.08)	(0.77)	(0.66)
SAV	-0.00111***	0.000793*	-0.00192***	0.00094***	0.000188	-0.00335***
	(-4.03)	(1.70)	(-3.82)	(3.10)	(1.40)	(-4.49)
POP	-0.000120	0.000353	-0.000622	0.000105	0.0000152	-0.000635
	(-0.58)	(0.98)	(-1.61)	(0.60)	(0.18)	(-1.27)
RET	0.000008	0.000375***	-0.000380**	-0.0000376	-0.000077**	-0.000412*
	(0.09)	(2.59)	(-2.44)	(-0.43)	(-2.00)	(-1.86)
截距项	0.00693**	-0.00281	0.0112**	-0.0120***	-0.00274**	0.0270***
	(2.31)	(-0.54)	(2.01)	(-4.24)	(-2.06)	(3.57)
rho	1.527***	3.013***	2.876***	1.824***	2.190***	2.626***
	(8.10)	(46.27)	(34.75)	(10.06)	(15.03)	(24.47)
lgt_theta	2.704**	17.35	15.11	0.0517	0.824***	0.974***
	(2.35)	(0.02)	(0.04)	(0.34)	(3.42)	(3.40)
sigma2_e	0.000049***	0.000154***	0.000178***	0.000026***	0.000007***	0.00024***
	(30.18)	(30.93)	(30.96)	(30.10)	(30.08)	(29.88)
N	1944	1944	1944	1944	1944	1944

注：*、**、***分别表示在10%、5%、1%显著性水平下显著；括号内为t统计量；MI代表长江经济带绿色经济效率，EC代表长江经济带绿色经济综合技术效率，TC代表长江经济带绿色经济技术进步，OBTC代表长江经济带绿色经济产出偏向型技术进步，IBTC代表长江经济带绿色经济投入偏向型技术进步，MATC代表长江经济带绿色经济中性技术进步。

基于对数似然比检验（LR）进行模型之间的优选，通过L. R检验，其卡方分布的临界值在显著性水平5%条件下为3.84，绿色经济综合技术效率（EC）、绿色经济技术进步（TC）、绿色经济产出偏向型技术进步（OBTC）、绿色经济投入偏向型技术进步（IBTC）和绿色经济中性技术进步（MATC）视角下模型的对数似然比之差的 2 倍分别为：416.56、435.88、412.6、413.39 和 488.43，远大于临界值，拒绝了空间相关系数为 0 的假设。因此，采用空间杜宾模型双重差分回归方法，是评估长江经济带科技创新政策实施对绿色经济不同分解效率的影响效应的最优模型。

在 SDMDID 模型下，长江经济带科技创新政策《方案》实施对绿色经济分解效率的影响效应值存在较大差异，其中对 EC、OBTC 的 DID 影响系数为负，分别为−0.00507、−0.00141，且通过显著性检验。绿色经济技术进步、绿色经济投入型技术进步和绿色经济中性技术进步 3 种视角下的模型估计结果，则在《方案》实施过程中对绿色经济的影响效应为正，分别为 0.00705、0.0000062 和 0.00919，这说明从长江经济带科技创新政策实施效果来看，其对绿色经济技术进步的影响效应是显著的，《方案》的实施有助于提升试点城市的绿色经济技术进步水平。

表 7.3 的估计结果表明，与 spatial did 的估计系数一致，空间交互项（W×spatial did）系数也存在较大差异，同样地，长江经济带科技创新政策实施对绿色经济技术进步的空间辐射效应高于其对自身的影响。利用空间杜宾模型双重差分法的原理，可得科技政策实施对长江经济带绿色经济综合技术效率影响总效应为−0.00507，空间交互效应为−0.0364，这意味着《方案》实施对长江经济带城市自身绿色经济综合技术效率的差异小于其对邻近城市的负向作用，绿色经济产出型技术进步视角下的影响与之类似。科技创新政策实施对绿色经济技术进步的影响系数为 0.00705，其空间交互效应为 0.0567，均在 1% 的水平上显著通过检验，这一结果验证了长江经济带科技创新政策的空间溢出效应，即假说 7-3 是稳健的。

7.3.2.3 稳健性检验

第一，共同趋势假设检验。处理组与对照组在科技创新政策实施之前的绿色经济效率不存在显著差异或者具有共同的增长趋势是采用双重差分方的又一重要前提。通过共同趋势假设进检验，图7.1显示，长江经济带科技创新《方案》实施前，其变量在统计上不显著，满足共同趋势假设。

第二，安慰剂检验。主要从两个方面开展：①将处理组、控制组予以随机化。在《方案》实施时间保持不变的基础上，把试点城市不再视为处理组而是新的控制组，若有 m 个城市在 k 年实施《方案》中的试点内容，则在这期间未实施《方案》中试点内容的城市中，随机抽选 m 个城市视为新的处理组，以新样本重新开展空间杜宾模型 DID 估计，并将此过程视为一次安慰剂检验。通过重复进行 1000 次安慰剂检验得到的估计系数显示，1000 个变量 did 系数的均值远远小于表7.2模型（3）估计出来的0.00201，证明了长江经济带科技创新的政策效应具有显著的区位导向，能够明显对长江经济带中《方案》试点城市实现带动效应。②对《方案》实施的时间随机进行提前。与第一种处理刚好相反，固定试点城市保持不变，而将时间予以随机提前，并以此重新进行空间杜宾模型 DID 估计，通过重复进行 1000 次安慰剂检验得到的估计系数显示，变量 did 系数均值较表7.2模型（3）的估计结果而言，下降了约0.512%。由此可见，随机提前《方案》的实施时间，会出现试点城市绿色经济效率下降的情况，反向证明了《方案》实施对试点城市绿色经济效率的提升作用。

7.4 政策启示

基于上述研究结果，可以得出三个方面的政策启示：

第一，持续放大长江经济带科技创新政策的有效性。实证结果表明，《方案》实施对所在试点城市的绿色经济效率具有显著带动效应，验证了长江经济带科技创新政策实施对试点城市绿色经济效率的带动效应是显著的，说明《方案》这一政策制定和实施的科学性、有效性。若要持续或者更大范围、更深层次通过科技创新政策提升绿色经济效率，需要在持续增强长江经济带科技创新政策的有效性方面下功夫，即所制定的政策要有助于企业提高技术水平、推动生产要素调整，有助于产业转型升级等。《方案》在试点城市实施对绿色经济效率的正向影响，充分表明了强化《方案》落实的和放大《方案》效应的必要性，在上述研究的长江经济带的 108 个城市中，只有 19 个城市基于其现有基础和国家产业布局，列入了试点，还有 89 个城市没有列入试点，其试点推广空间非常广阔。建议结合其余 89 个未开展试点城市的基础条件，系统规划，适当增加试点城市范围。与此同时，建议各级政府主动结合自身基础，加强研究谋划，主动争取列入试点城市，提升自身区域内绿色经济效率。

第二，持续增强长江经济带科技创新政策的时代性。实证结果表明，《方案》设立后第 2 年开始，科技创新政策对所在城市绿色经济效率的带动效应开始下降，说明《方案》对长江经济带绿色经济效率的后劲不足，可能是因为《方案》的执行与其预期产生偏差，未能及时契合时代与技术变化，也有可能是因为一些关键难点、痛点（如一些卡脖子技术持续未能突破）阻碍了科技创新政策作用可持续的发挥，还有可能是因为相关配套政策不足而导致政策发挥持续效应不足。因此，无论是什么原因，都迫切需要建立健全长江经济带科技创新政策实施情况的评估机制，根据客观条件发展的变化，定期对长江经济科技创新政策的实施开展调研和总结，系统梳理落实过程中的经验与不足，持续从内容、结构、机制等方面予以优化，及时制定专项政策和补充政策，及时找出与现有政策不相适应的政策和条款，鼓励科技创新主体敢闯能闯"无人区"，鼓励、支持、引导更多科研院所和企业投入到"卡脖子"技术领域，持续增强科技创新政策的时代性，增强长江经济带科技创新政策对绿色经济效率提升的后劲。

第三，持续优化长江经济带科技创新政策的系统性。实证结果中，空间溢出系数显著为正，说明《方案》对绿色经济效率具有显著正向的空间溢出效应，表明增强长江经济带科技创新政策协同的必要性。增强科技创新政策的协同性，关键在于增强科技创新政策的系统性，主要包括两个维度：一是增强行业门类相关政策供给的完整性和协同性，通过政策梳理发现，国家层面对于《方案》的配套政策主要有 6 个，主要涉及技术创新中心、重点实验室建设、绿色技术创新体系、人工智能创新发展试验区和长三角创新共同体等方面，如果把《方案》对应到国民经济各具体门类，从国民经济各具体门类的专项性角度出发，具有细化相关可执行政策的广阔空间，因此，需要不断细化、丰富相关配套政策，同时注重相关配套政策的协同联动；二是增强省、市相关政策供给的完整性和协同性，由于经济发展水平、政策供给水平等方面的差异，不同省、市政府在区域科技创新相关配套政策的供给存在不平衡现象，各级政府要因地制宜，推进区域创新资源优化配置，研究制定承接国家政策、延续整合现有政策、新出台一批政策的思路，系统构建政策体系。积极推进区域科技创新政策先进经验的互检机制优化，加大区域合作和优化合作路径，实现区域间政策的协同、融和互促，加强现有政策与国家科技创新政策的梳理，修订与上级政策不相适应内容，强化区域科技创新政策的衔接互动。

7.5 本章小结

本章基于基准双重差分模型和空间双重差分模型的比较，优选出空间杜宾模型双重差分回归方法，从长江经济带绿色经济效率、绿色经济综合技术效率、绿色经济技术进步、绿色经济产出偏向型技术进步、绿色经济投入偏向型技术进步和绿色经济中性技术进步等多种视角入手，考察了长江经济带科技创新政策（《方案》）实施对绿色经济效率及其分解效率的影响效应，得到如下结论：

（1）长江经济带科技创新政策实施对所在试点城市的绿色经济效率具有显著带动效应，《方案》实施后会导致试点城市绿色经济效率提高约 0.201 个百分点；空间交互 DID 的结果系数为 0.0331，估计系数显著高于 DID 的结果，即科技创新政策的试点效果对邻近城市的积极效应高于对自身的正向影响。

（2）长江经济带科技创新政策实施对绿色经济技术进步、绿色经济产出偏向型技术进步和绿色经济中性技术进步的影响逐步提高，而对绿色经济综合技术效率和绿色经济投入偏向型技术进步的影响则随着政策实施时间越长其系数越小。

（3）长江经济带科技创新政策《方案》实施对绿色经济分解效率的影响效应值存在较大差异，其中对绿色经济技术效率、绿色经济产出偏向型技术进步的DID影响系数为负，分别为−0.00507、−0.00141，且通过显著性检验。绿色经济技术进步、绿色经济投入型技术进步和绿色经济中性技术进步等视角下的模型估计结果，则在《方案》实施过程中对绿色经济的影响效应为正，分别为0.00705、0.0000062和0.00919，即长江经济带科技创新政策实施对绿色经济技术进步的影响效应是显著的，有助于提升试点城市的绿色经济技术进步水平。

（4）本章基于模型估计结果性质及LR检验，优选出空间杜宾模型双重差分回归结果，对长江经济带科技创新政策实施对绿色经济效率的总体影响效应进行了评价。结论指出，科技创新政策实施促进了试点城市的绿色经济效率；不同绿色经济分解效率视角下科技创新政策的影响效应各不相同。

基于实证结果，分析提出三个方面政策建议：①通过适当扩大试点城市范围和强化政策落实等举措，持续增强长江经济带科技创新政策的有效性；②通过建立健全长江经济带科技创新政策实施情况的评估机制，从内容、结构、机制等方面持续优化区域科技创新政策，及时制定专项政策和补充政策等举措，持续增强长江经济带科技创新政策的时代性；③通过增强行业门类以及省市等各级政府相关政策供给的完整性和协同性，持续优化长江经济带科技创新政策的系统性。

8 基本结论与启示

8.1 研究结论

本书基于绿色经济增长理论、经济增长理论、投入产出理论和习近平生态文明思想及关于科技创新的重要论述等相关理论,构建了长江经济带主要城市科技创新指数、绿色经济效率指标体系,重点分析了长江经济带科技创新对绿色经济效率的影响机理与效应,形成了一套较为完整的理论实证分析框架。在此框架下,通过验证科技创新对长江经济带绿色经济效率的驱动作用后,纳入空间效应检验科技创新对绿色经济效率的影响,分别从要素配置和产业结构优化两个视角讨论其科技创新的作用机制,采用准自然实验的空间杜宾模型双重差分法验证长江经济带科技创新政策实施对绿色经济效率的影响效应。最后结合长江经济带科技创新和绿色经济效率的基本现状和实证检验结果。本书研究的主要结论如下:

第一,从长江经济带科技创新水平的评价结果看,整体上长江经济带 108 个城市的科技创新水平并不均衡。不同流域创新水平差距明显,呈现出"下游地区>中游地区>上游地区"局面。长江经济带下游区域 σ 收敛显著,中游和上游地区呈现发散趋势。此外,长江经济带科技创新发展存在显著的空间集聚特征,不同流域表现出明显的绝对 β 收敛和空间 β 收敛。根据俱乐部收敛聚类的结果看，发现长江经济带不同城市存在 6 个俱乐部。在样本考察期内，考虑了空间关联效应后，在长江经济带科技创新水平空间分布特征依旧明显的情况下，具有空间俱乐部收敛趋势。

第二，从长江经济带绿色经济效率的测算结果看，样本期内长江经济带绿色经济效率投入产出总体 DEA 有效，总体实现了既定投入下产生最优的产出规模。从指数分解的角度看，长江经济带整体和上、中、下游绿色经济效率的提升主要受到技术进步的正向影响，中性技术进步带来的技术进步贡献大于投入偏向技术进步和产出偏向技术进步。长江下游绿色经济效率整体高于中游，中游高于上游地区，样本期内部分省市与其他省市之间绿色经济效率存在较大差距。长江经济带绿色经济效率整体呈现明显的 σ 收敛和空间 σ 收敛，绝对 β 收敛和空间 β 收敛显著，绿色经济效率会受到相邻省份的较大辐射作用。同时，根据俱乐部收敛聚类的结果来看，长江经济带 108 个城市形成了 10 个俱乐部。

第三，格兰杰因果检验表明，长江经济带科技创新和绿色经济效率间并不存在双向的因果关系，二者之间的双向影响关系比较弱。具体而言，科技创新与绿色经济效率之间存在单向的因果关系，科技创新是绿色经济效率的格兰杰原因，而绿色经济效率不是科技创新的格兰杰原因。从数据关系看，长江经济带科技创新促进了技术进步，进而显著提升了绿色经济效率水平，特别是其对技术进步效率的贡献度高于对综合效率的贡献度。而基于稳定面板模型的结果看，样本期开始阶段，长江经济带科技创新对绿色经济效率的影响较弱，但随着时间推移，科技创新对绿色经济效率的贡献越来越明显，总体上呈现波动趋势，说明很可能存在其他影响长江经济带绿色经济效率的途径。

第四，从全样本检验看，长江经济带科技创新对绿色经济效率具有明显的推动作用，且检验结果稳健。从不同时间段和绿色经济分解效率等异质性分组回归看，长江经济带科技创新显著促进了绿色经济效率，其空间交互影响效应差异较大。从长江经济带科技创新对绿色经济效率的空间溢出效应分解结果来看，对比长期和短期的结果，2002～2013 年的样本估计中，长期直接效应、长期间接效应、长期总效应的科技创新影响系数均低于短期的空间溢出效应系数，而2014～2019年样本估计中长期直接效应、长期间接效应和长期总效应的科技创新空间溢出系数显著高于短期的空间溢出效应系数。从机制检验结果看，科技创新能够通过要素配置效应提升长江经济带绿色经济效率；产业结构优化对长江经济带绿色经济效率具有显著的正向影响。

第五，长江经济带科技创新政策实施对所在试点城市的绿色经济效率具有显著带动效应，特别是《长江经济带创新驱动产业转型升级方案》实施后，试点城市绿色经济效率提高约0.201个百分点；空间DID交互项的结果系数为0.0331，估计系数显著高于DID的结果，科技创新政策的试点效果对邻近城市的积极效应高于对自身的正向影响。总体上，长江经济带科技创新政策实施对绿色经济技术进步、绿色经济产出偏向型技术进步和绿色经济中性技术进步的影响逐步提高，而对绿色经济综合技术效率和绿色经济投入偏向型技术进步的影响则政策实施时间越长其系数越小，不同绿色经济分解效率视角下科技创新政策的影响效应各不相同。

8.2 研究启示

基于上述研究结论，本书认为，推动长江经济带绿色经济效率提升需要坚持高质量发展理念，在科技创新端从健全科技创新基础、优化科技创新环境、增加科技创新有效投入、推动科技创新成果有效转化等方面入手，充分调动科技创新在推动长江经济带绿色经济效率提升的各方面积极因素，从而提高区域每单位投入的经济产出，降低区域每单位投入的环境污染产出。建议从创新驱动战略层面、区域协调发展层面、优化要素配置层面、产业优化升级层面、技术创新体系层面和政策供给层面协同发力，着力提升长江经济带绿色经济效率，助力区域高质量发展。

第一，坚持创新驱动，着力发挥科技创新在要素配置和产业升级中的作用。本书研究发现，长江经济带科技创新对绿色经济效率具有正向影响，表明区域科技创新在推动绿色发展和提升绿色经济效率等方面的重要意义。科技创新、企业创新、产品创新、市场创新、品牌创新是国家推动创新驱动战略的重要内容，其中，科技创新是源泉和关键，因此，要坚持把创新置于国家发展全局的核心位置，形成全社会重视创新、尊重创新的良好氛围，坚定不移地实施创新驱动发展战略，加快推进以科技创新为核心的全面创新。事实证明，国家对科技创新的重视，必然推动各级政府发展观念的转变，从而在事业规划、财政投入、人才引进等方面增加投入，致力于提高区域科技创新基础，优化区域科技创新环境，提高科技创新供给，从而加速发挥科技创新的支撑引领经济发展方式转变的关键作用，推动实现高质量、高效益、可持续的发展。

第二，坚持协调互融，助力绿色经济效率整体提升。长江经济带绿色经济效率发展具有典型的整体性、外部性、溢出性等特征，本书统计研究发现，长江经济带科技创新和绿色经济效率存在较大的空间差异，体现了区域和城市间发展的不平衡，尤其是绿色经济效率的"区域鸿沟"制约了长江经济带绿色经济产出效率的整体提升。这种不平衡与区域和城市自身发展定位、资源承载力不同有关，但同时表明在缩小区域和城市差距、推动区域协调发展方面还有很大施展空间。建议加强区域政府间在要素配置、产业规划方面的合作，建立地区在要素聚集水平方面的预警机制，加强国家产业分区域、分城市布局的规划、保障、监督和落实，形成制度、构建机制，推动产业链、人才链在长江经济带更加合理布局，实现有序流动。持续健全长江经济带城市的市场机制、互助机制和扶持机制，促进长江经济带上中下游、城乡区域协调发展。

第三，坚持改革评价，强化科技创新成果转化。本书研究表明，长江经济带科技创新对绿色经济效率具有明显的推动作用，科技创新能够通过要素配置效应提升长江经济带绿色经济效率。因此，通过提升科技创新对要素配置优化的影响效果，提高区域科技创新的投入产出效率，应该成为政府的重要选择。而提升科技创新投入产出效率，关键在于深化科技评价改革，引导科研院所、企业坚持

"四个面向"，主动贴近市场、服务需求，坚决破除"五唯"，打造鼓励研究成果加速转化的创新体制，加快提升科技成果转化数量、质量以及效率。与此同时，企业是市场的主体，也是坚持科技创新推动要素配置的主体，因此，要坚持企业是市场的主体地位，引导企业参与科技创新，通过市场竞争激发全社会的创新潜能，给予企业科技创新在财政、税收等多维度支持，持续优化企业创新环境和营商环境，鼓励和引导企业通过科技创新优化要素配置，提升绿色经济效率。

第四，坚持市场调节与宏观调控相结合，推动产业结构优化与升级。本书研究表明，产业结构优化对长江经济带绿色经济效率具有显著的正向影响。产业结构优化对于降低污染排放、提高经济产出具有重要推动作用，是推动经济高质量发展的重要路径。因此，需要同时发挥市场"有形的手"和政府"无形的手"的作用，在不断健全有助于科技创新市场机制的基础上，不断加大重大前沿科技创新布局，加大资金、人才等投入，加大对科技型企业和开展原创性、颠覆性技术企业的支持力度，加大对"卡脖子"协同攻关的布局，孵化更多有助于推动产业结构转型升级的企业，积极培育各类战略性新兴产业。坚持用生态保护红线、环境质量底线、资源利用上线，坚决淘汰落后产能，大力推动新旧动能转换，鼓励重点行业企业实施减排设备、工艺改造，通过环境规制、转移支付、金融、税收等手段倒逼行业企业持续挖掘绿色改造潜力。

第五，注重绿色技术创新，持续健全以市场为导向的绿色技术创新体系。绿色技术的创新发展与应用是降低长江经济带环境污染产出，提升区域绿色经济效率的重要方式。2019 年，国家出台《关于构建市场导向的绿色技术创新体系的指导意见》，该指导意见的出台，对于激发各类创新主体活力，增强市场在配置资源和连接创新各环节中的功能起到了重要作用。但是，通过本书研究发现，区域科技创新和绿色经济效率还存在较大区域差异，建议在此基础上，持续加强科技成果转移转化和产业化的综合性服务平台建设，持续扩大市场导向的绿色技术创新体系的示范效应，引导更多金融资本参与绿色技术创新，推动长江经济带绿色发展和生态环境保护。

第六，加大政策供给，持续提升科技创新政策的有效性、时代性和系统性。

本书研究结果表明，有效的科技创新政策对于提升长江经济带绿色经济效率具有正向影响。因此，要切实发挥科技创新政策的引导性作用，系统规划，适当增加试点城市范围。建立健全长江经济带科技创新政策实施情况的评估机制，根据客观条件发展的变化，定期对长江经济科技创新政策的实施开展调研和总结，系统梳理落实过程中的经验与不足，持续从内容、结构、机制等方面予以优化，及时制定专项政策和补充政策，及时找出与现有政策不相适应的政策和条款，持续增强科技创新政策的时代性。细化、丰富和完善长江经济带科技创新政策体系，持续增强行业门类相关政策供给的完整性和协同性，持续增强长江经济带省、市相关政策供给的完整性和协同性等。

8.3　研究不足与展望

本书围绕科技创新如何推动长江经济带绿色经济效率发展问题进行了研究，但由于科技创新和绿色经济效率是两个宏大而复杂的子系统，需要众多学界人士共同研究推动，限于自身知识结构、能力水平的不足以及数据资料等方面的限制，本书研究过程中难免存在诸多不足和缺陷，需要在今后进行更加深入的研究和探讨。

第一，持续深化区域科技创新和绿色经济效率的测度研究。本书在已有的区域科技创新和绿色经济效率的测度研究基础上，经过反复研究，分别构建了指标体系并开展了一些方法创新。但由于区域科技创新和绿色经济效率所包含内容的复杂性，同时考虑到数据的可获得因素，本书只能从中选取最具代表性的指标进行测度，选取的测度指标很难十分完整地体现其现实状况。因此，需要在今后的研究中，进一步深入分析和挖掘相关资料与数据，持续完善区域科技创新和绿色经济效率的测度指标，持续改进测度模型，以期更加准确、完整刻画长江经济带科技创新和绿色经济效率的现实特征。

第二，基于国际视野对区域科技创新进行深化研究。本书以习近平生态文明思想和习近平关于科技创新的重要论述为指导，从绿色增长理论、投入产出理论等理论为基础，通过理论分析并构建数据模型测算分析了长江经济带科技创新和绿色经济效率的整体情况和时空分异特征，并以此为基础分析了长江经济带科技创新对绿色经济效率的影响。研究的视角主要基于国内发展现实，未能从国际经济和社会发展视角看长江经济带科技创新和绿色经济效率，未来可以进一步拓宽视野，深化研究。

　　第三，特殊区域科技创新促进绿色经济效率提升的案例研究。本书以长江经济带不同流域、不同城市为对象开展了区域科技创新对绿色经济效率的影响研究，但由于重庆和上海作为直辖市，其经济体量和科技创新水平远高于其他城市，以直辖市为研究对象的分析研究对本研究的研究样本不利，离群值明显影响生产前沿，对 Meta-frontier Malmquist 生产前沿设定存在较大影响。因此，本书在实证研究过程中删除了重庆和上海的研究样本。而重庆和上海的绿色经济对其他城市的现实实践具有较强的指导意义，在今后的研究中，可以单独对上海和重庆的科技创新对绿色经济效率的影响开展更加深入的案例研究，形成更加丰富和完善的研究成果。

参考文献

［1］白稳．我国东部地区绿色全要素生产率研究——基于 DEA-Malmquist 的实证分析 ［J］. 经济与管理，2014，28（5）：91-96.

［2］班斓，袁晓玲．中国八大区域绿色经济效率的差异与空间影响机制 ［J］. 西安交通大学学报（社会科学版），2016，36（3）：22-30.

［3］鲍勃·霍尔，玛丽·李·克，BobHall，等．绿色指数：美国各州环境质量的评价 ［M］. 北京：北京师范大学出版社，2011.

［4］北京师范大学经济与资源管理研究院. 2015 中国绿色发展指数报告：区域比较 ［M］. 北京：北京师范大学出版社，2015.

［5］彼得·德鲁克．创新与企业家精神 ［M］. 北京：机械工业出版社，2007.

［6］蔡跃洲．中国共产党领导的科技创新治理及其数字化转型——数据驱动的新型举国体制构建完善视角 ［J］. 管理世界，2021，37（8）：30-46.

［7］曹靖，张文忠．不同时期城市创新投入对绿色经济效率的影响——以粤港澳大湾区为例 ［J］. 地理研究，2020，39（9）：1987-1999.

［8］曾刚．基于生态文明的区域发展新模式与新路径 ［J］. 云南师范大学学报（哲学社会科学版），2009，41（5）：33-43.

［9］陈超凡．中国工业绿色全要素生产率及其影响因素——基于 ML 生产率指数及动态面板模型的实证研究 ［J］. 统计研究，2016，33（3）：53-62.

［10］陈诗一．中国的绿色工业革命：基于环境全要素生产率视角的解释（1980—2008）［J］．经济研究，2010，45（11）：21-34，58.

［11］陈曦．创新驱动发展战略的路径选择［J］．经济问题，2013（3）：42-45.

［12］陈晓红，马鸿烈．中小企业技术创新对成长性影响——科技型企业不同于非科技型企业？［J］．科学学研究，2012，30（11）：1749-1760.

［13］陈银娥，李鑫，李汶．中国省域科技创新效率的影响因素及时空异质性分析［J］．中国软科学，2021（4）：137-149.

［14］谌莹，张捷．碳排放、绿色全要素生产率和经济增长［J］．数量经济技术经济研究，2016，33（8）：47-63.

［15］成长春，何婷．以长江经济带发展推动经济高质量发展［J］．红旗文稿，2019（16）：22-24，1.

［16］成金华，孙琼，郭明晶，徐文赟．中国生态效率的区域差异及动态演化研究［J］．中国人口·资源与环境，2014，24（1）：47-54.

［17］程广斌，杨春．区域产业融合水平评价及其影响因素研究——以长江经济带为例［J］．华东经济管理，2020，34（4）：100-107.

［18］邓波，张学军，郭军华．基于三阶段 DEA 模型的区域生态效率研究［J］．中国软科学，2011（1）：92-99.

［19］方丰，唐龙．科技创新的内涵、新动态及对经济发展方式转变的支撑机制［J］．生态经济，2014，30（6）：103-105，113.

［20］方旋，刘春仁，邹珊刚．对区域科技创新理论的探讨［J］．华南理工大学学报（自然科学版），2000（9）：1-7.

［21］高洪深．区域经济学（第 5 版）［M］．北京：中国人民大学出版社，2019.

［22］辜胜阻．创新驱动战略与经济转型［M］．北京：人民出版社，2013.

［23］谷树忠，王兴杰．绿色发展的源起与内涵［N］．中国经济时报，2016-05-20（016）.

［24］郭夏．解码经济：新生经济学导论［M］．北京：经济科学出版社，2010．

［25］郭艳花，梅林，佟连军．产业集聚对绿色发展效率的影响机制——以吉林省限制开发区为例［J］．地理科学，2020，40（9）：1484-1492．

［26］哈里·兰德雷斯．经济思想史［M］．北京：人民邮电出版社，2014．

［27］何爱平，安梦天．地方政府竞争、环境规制与绿色发展效率［J］．中国人口·资源与环境，2019，29（3）：21-30．

［28］洪银兴，杨玉珍．构建新发展格局的路径研究［J］．经济学家，2021（3）：5-14．

［29］洪银兴．科技创新与创新型经济［J］．管理世界，2011（7）：1-8．

［30］洪银兴．科技创新中的企业家及其创新行为——兼论企业为主体的技术创新体系［J］．中国工业经济，2012（6）：83-93．

［31］侯孟阳，姚顺波．中国城市生态效率测定及其时空动态演变［J］．中国人口·资源与环境，2018，28（3）：13-21．

［32］胡安军，郭爱君，钟方雷，王祥兵．高新技术产业集聚能够提高地区绿色经济效率吗？［J］．中国人口·资源与环境，2018，28（9）：93-101．

［33］胡鞍钢，周绍杰．绿色发展：功能界定、机制分析与发展战略［J］．中国人口·资源与环境，2014，24（1）：14-20．

［34］胡彪，付业腾．中国生态效率测度与空间差异实证——基于SBM模型与空间自相关性的分析［J］．干旱区资源与环境，2016，30（6）：6-12．

［35］胡博伟，周亮，王中辉，等．干旱区资源型城市绿色经济效率时空分异特征［J］．资源科学，2020，42（2）：383-393．

［36］胡婷婷，文道贵．发达国家创新驱动发展比较研究［J］．科学管理研究，2013，31（2）：1-4．

［37］胡志坚，田洛，胡志强，郭哲．面向新世纪建设国家创新系统［J］．中国软科学，1999（8）：84-87．

［38］华坚，胡金昕．中国区域科技创新与经济高质量发展耦合关系评价

[J]．科技进步与对策，2019，36（8）：19-27．

[39] 黄磊，吴传清．外商投资、环境规制与长江经济带城市绿色发展效率[J]．改革，2021（3）：94-110．

[40] 姜玉梅，孟庆春，李新运．区域科技创新驱动经济高质量发展的绩效评价[J]．统计与决策，2021，37（16）：76-80．

[41] 姜照华．区域创新与生态效率革命[M]．北京：科学出版社，2012．

[42] 揭晓蒙，汪航，汪永生，等．中国海洋科技创新能力测度及空间特征——基于36个涉海城市的实证分析[J]．科技管理研究，2020，40（10）：65-71．

[43] 靖学青．长江经济带发展与结构转型[M]．上海：上海社会科学院出版社，2015．

[44] 卡马耶夫．经济增长的速度和质量[M]．武汉：湖北人民出版社，1983．

[45] 李陈．中国转变经济发展方式理论演进70年[M]．南京：东南大学出版社，2020．

[46] 李干杰．守护良好生态环境这个最普惠的民生福祉[N]．人民日报，2019-06-03（009）．

[47] 李高扬，刘明广．基于结构方程模型的区域创新能力评价[J]．技术经济与管理研究，2011（5）：28-32．

[48] 李光龙，范贤贤．财政支出、科技创新与经济高质量发展——基于长江经济带108个城市的实证检验[J]．上海经济研究，2019（10）：46-60．

[49] 李琳，楚紫穗．我国区域产业绿色发展指数评价及动态比较[J]．经济问题探索，2015（1）：68-75．

[50] 李涛，李国平，薛领．生产性服务业集聚对绿色经济效率的影响研究[J]．科学学研究：2022（2）：1-16．

[51] 李伟等．以创新和绿色引领新常态：新一轮产业背景下中国经济发展新战略[M]．北京：中国发展出版社，2015．

［52］李晓西，刘一萌，宋涛．人类绿色发展指数的测算［J］.中国社会科学，2014（6）：69-95，207-208.

［53］李燕萍，毛雁滨，史瑶．创新驱动发展评价研究——以长江经济带中游地区为例［J］.科技进步与对策，2016，33（22）：103-108.

［54］李政，杨思莹．财政分权、政府创新偏好与区域创新效率［J］.管理世界，2018，34（12）：29-42，110，193-194.

［55］李治国，王杰，王叶薇．经济集聚扩大绿色经济效率差距了吗？——来自黄河流域城市群的经验证据［J］.产业经济研究，2022（1）：29-42.

［56］李忠．大力发展绿色经济加快转变经济发展方式［J］.宏观经济管理，2011（9）：55-56.

［57］连玉君，程建．投资——现金流敏感性：融资约束还是代理成本？［J］.财经研究，2007（2）：37-46.

［58］梁本凡．中国未来30年绿色发展制度创新方向研究［J］.江淮论坛，2019（4）：5-10，2.

［59］林伯强，谭睿鹏．中国经济集聚与绿色经济效率［J］.经济研究，2019，54（2）：119-132.

［60］刘传明，马青山．网络基础设施建设对全要素生产率增长的影响研究——基于"宽带中国"试点政策的准自然实验［J］.中国人口科学，2020（3）：75-88，127-128.

［61］刘钒，邓明亮．基于改进超效率 DEA 模型的长江经济带科技创新效率研究［J］.科技进步与对策，2017，34（23）：48-53.

［62］刘戈非，任保平．地方经济高质量发展新动能培育的路径选择［J］.财经科学，2020（5）：52-64.

［63］刘贯春，张军，丰超．金融体制改革与经济效率提升——来自省级面板数据的经验分析［J］.管理世界，2017（6）：9-22，187.

［64］刘鹤．必须实现高质量发展［N］.人民日报，2021-11-24（006）.

［65］刘金科，肖翊阳．中国环境保护税与绿色创新：杠杆效应还是挤出效

应？[J].经济研究，2022，57（1）：72-88.

[66] 刘伟.习近平新时代中国特色社会主义经济思想的内在逻辑[J].经济研究，2018，53（5）：4-13.

[67] 刘艳玲.技术创新提升绿色经济效率研究[D].西南财经大学博士学位论文，2019.

[68] 刘耀彬，袁华锡，王喆.文化产业集聚对绿色经济效率的影响——基于动态面板模型的实证分析[J].资源科学，2017，39（4）：747-755.

[69] 刘云强，权泉，朱佳玲，王芳.绿色技术创新、产业集聚与生态效率——以长江经济带城市群为例[J].长江流域资源与环境，2018，27（11）：2395-2406.

[70] 卢山.连云港区域科技创新能力评价与对策研究[J].中国科技论坛，2007（11）：21-24，32.

[71] 罗伯特·M.索罗.增长理论：一种解析[M].北京：中国财政经济出版社，2004.

[72] 马建华，等.长江治理与保护报告2021[M].武汉：长江出版社，2021.

[73] 马林.内蒙古绿色产业体系构建的基本思路[J].中国人口·资源与环境，2004（6）：35-39.

[74] 马彦瑞，刘强.工业集聚对绿色经济效率的作用机理与影响效应研究[J].经济问题探索，2021（7）：101-111.

[75] 迈克尔·波特.国家竞争优势[M].北京：华夏出版社，2002.

[76] 聂玉立，温湖炜.中国地级以上城市绿色经济效率实证研究[J].中国人口·资源与环境，2015，25（S1）：409-413.

[77] 欧阳峣，汤凌霄.大国创新道路的经济学解析[J].经济研究，2017，52（9）：11-23.

[78] 彭水军，包群.中国经济增长与环境污染——基于广义脉冲响应函数法的实证研究[J].中国工业经济，2006（5）：15-23.

［79］朴胜任. 省际环境效率俱乐部收敛及动态演进分析［J］. 管理评论，2020，32（8）：52-62，105.

［80］钱龙. 中国城市绿色经济效率测度及影响因素的空间计量研究［J］. 经济问题探索，2018（8）：160-170.

［81］钱争鸣，刘晓晨. 中国绿色经济效率的区域差异与影响因素分析［J］. 中国人口·资源与环境，2013，23（7）：104-109.

［82］任亮，张海涛，魏明珠，李题印. 基于熵权 TOPSIS 模型的智慧城市发展水平评价研究［J］. 情报理论与实践，2019，42（7）：113-118，125.

［83］任胜钢，袁宝龙. 长江经济带产业绿色发展的动力找寻［J］. 改革，2016（7）：55-64.

［84］Richard R. Nelson. 国家（地区）创新体系：比较分析［M］. 北京：知识产权出版社，2012.

［85］尚勇. 深化我国科技体制改革的思路与目标［J］. 科学学与科学技术管理，1998（3）：10-14.

［86］尚勇敏，曾刚. 科技创新推动区域经济发展模式转型：作用和机制［J］. 地理研究，2017，36（12）：2279-2290.

［87］盛科荣，王丽萍，孙威. 网络权力、知识溢出对中国城市绿色经济效率的影响［J］. 资源科学，2021，43（8）：1509-1521.

［88］宋刚. 钱学森开放复杂巨系统理论视角下的科技创新体系——以城市管理科技创新体系构建为例［J］. 科学管理研究，2009（6）：1-6

［89］苏宁，沈玉良. G20 新发展共识与全球治理发展新趋势［M］. 上海社会科学院出版社：G20 杭州峰会论丛，2020.

［90］孙涵，聂飞飞，胡雪原. 基于熵权 TOPSIS 法的中国区域能源安全评价及差异分析［J］. 资源科学，2018，40（3）：477-485.

［91］孙钰，李泽涛，马瑞. 我国城市科技创新能力的实证研究［J］. 南开经济研究，2008（4）：68-85.

［92］谭政，王学义. 绿色全要素生产率省际空间学习效应实证［J］. 中国

人口·资源与环境，2016，26（10）：17-24.

[93] 唐未兵，傅元海，王展祥．技术创新、技术引进与经济增长方式转变 [J].经济研究，2014，49（7）：31-43.

[94] 唐炎钊．区域科技创新能力的模糊综合评估模型及应用研究——2001 年广东省科技创新能力的综合分析 [J].系统工程理论与实践，2004（2）：37-43.

[95] 陶长琪，彭永樟．从要素驱动到创新驱动：制度质量视角下的经济增长动力转换与路径选择 [J].数量经济技术经济研究，2018，35（7）：3-21.

[96] 滕堂伟，瞿丛艺，胡森林．长三角城市群绿色创新效率格局分异及空间关联特征 [J].华东师范大学学报（哲学社会科学版），2019a，51（5）：107-117，239-240.

[97] 田志康，赵旭杰，童恒庆．中国科技创新能力评价与比较 [J].中国软科学，2008（7）：155-160.

[98] 佟贺丰，杨阳，王静宜，等．中国绿色经济发展展望——基于系统动力学模型的情景分析 [J].中国软科学，2015（6）：20-34.

[99] W.W.罗斯托．经济增长理论史 [M].杭州：浙江大学出版社，2016.

[100] 汪琛，孙启贵．基于灰色关联和主成分的长三角科技创新绩效测度 [J].科学管理研究，2020，38（2）：91-95.

[101] 王伯鲁．马克思技术决定论思想辨析 [J].自然辩证法通讯，2017 （5）：128-137.

[102] 王健，余建华，李开盛．国际关系中的变局与治理 [M].上海：上海社会科学院出版社，2021.

[103] 王军，耿建．中国绿色经济效率的测算及实证分析 [J].经济问题，2014（4）：52-55.

[104] 王晓云，魏琦，胡贤辉．我国城市绿色经济效率综合测度及时空分异——基于 DEA-BCC 和 Malmquist 模型 [J].生态经济，2016，32（3）：40-45.

［105］王旭，王应明，蓝以信，温槟檐．基于双前沿面数据包络分析的区间全局 Meta-frontier Malmquist 指数及其应用研究［J］．系统科学与数学，2021，41（4）：1043-1067.

［106］王业强，郭叶波，赵勇，胡浩．科技创新驱动区域协调发展：理论基础与中国实践［J］．中国软科学，2017（11）：86-100.

［107］魏巍，符洋，杨彩凤．科技创新与经济高质量发展测度研究——基于耦合协调度模型［J］．中国科技论坛，2020（10）：76-83.

［108］温丽琴，卢进勇，杨敏姣．中国跨境电商物流企业国际竞争力的提升路径——基于 ANP-TOPSIS 模型的研究［J］．经济问题，2019（9）：45-52.

［109］邬晓燕．绿色发展及其实践路径［J］．北京交通大学学报（社会科学版），2014，13（3）：97-101.

［110］吴传清，周西一敏．长江经济带绿色经济效率的时空格局演变及其影响因素研究［J］．宏观质量研究，2020（3）：120-128

［111］吴传清，黄磊，文传浩．长江经济带技术创新效率及其影响因素研究［J］．中国软科学，2017（5）：160-170.

［112］吴洁，张云，韩露露．长三角城市群绿色发展效率评价研究［J］．上海经济研究，2020（11）：46-55.

［113］吴敬琏．中国应当走一条什么样的工业化道路？［J］．管理世界，2006（8）：1-7.

［114］吴明瑜．处于历史转变中的中国科学技术工作［J］．科学学研究，1985（1）：3-14.

［115］吴遵杰，巫南杰．长江经济带绿色经济效率测度、分解及影响因素研究——基于超效率 SBM-ML-Tobit 模型的分析［J］．城市问题，2021（1）：52-62，89.

［116］武晓静，杜德斌，肖刚，管明明．长江经济带城市创新能力差异的时空格局演变［J］．长江流域资源与环境，2017，26（4）：490-499.

［117］习近平．努力成为世界主要科学中心和创新高地［J］．求是，2021

（6）：1-10.

[118] 向书坚，郑瑞坤．中国绿色经济发展指数研究［J］．统计研究，2013，30（3）：72-77

[119] 熊曦，关忠诚，杨国梁，郑海军．嵌套并联结构两阶段 DEA 下科技创新效率测度与分解［J］．中国管理科学，2019，27（3）：206-216.

[120] 杨斌．2000—2006 年中国区域生态效率研究——基于 DEA 方法的实证分析［J］．经济地理，2009，29（7）：1197-1202.

[121] 杨龙，胡晓珍．基于 DEA 的中国绿色经济效率地区差异与收敛分析［J］．经济学，2010（2）：46-54.

[122] 杨树旺，吴婷，李梓博．长江经济带绿色创新效率的时空分异及影响因素研究［J］．宏观经济研究，2018（6）：107-117，132.

[123] 杨武，杨淼．基于科技创新驱动的我国经济发展与结构优化测度研究［J］．软科学，2016，30（4）：1-7，12.

[124] 叶阿忠，吴继贵，陈生明．空间计量经济学［M］．福建：厦门大学出版社，2015.

[125] 叶祥松，刘敬．政府支持与市场化程度对制造业科技进步的影响［J］．经济研究，2020，55（5）：83-98.

[126] 易明，彭甲超，张尧．中国高等教育投入产出效率的综合评价——基于 Window-Malmquist 指数法［J］．中国管理科学，2019，27（12）：32-42.

[127] 易明，彭甲超，刘志高．长江经济带制造业绿色创新效率研究［M］．北京：科学出版社，2021.

[128] 于伟，张鹏，姬志恒．中国城市群生态效率的区域差异、分布动态和收敛性研究［J］．数量经济技术经济研究，2021，38（1）：23-42.

[129] 余淑均，李雪松，彭哲远．环境规制模式与长江经济带绿色创新效率研究——基于 38 个城市的实证分析［J］．江海学刊，2017（3）：209-214.

[130] 袁华锡，刘耀彬，封亦代．金融集聚如何影响绿色发展效率？——基于时空双固定的 SPDM 与 PTR 模型的实证分析［J］．中国管理科学，2019，27

（11）：61-75.

[131] 约瑟夫·熊彼特．经济发展理论［M］．北京：商务印书馆出版，1990.

[132] 张超，宋晓华，孙亚男．黄河流域科技创新效率差异测度、来源分解与形成机理［J］．经济与管理评论，2021，37（6）：38-50.

[133] 张来武．以改革开放引领和推动创新发展［J］．中国软科学，2018（10）：1-8.

[134] 张晓.21 世纪以来西方生态马克思主义的发展格局、理论形态与当代反思［J］．马克思主义与现实，2018（4）：122-128.

[135] 张雪梅．西部地区生态效率测度及动态分析——基于 2000—2010 年省际数据［J］．经济理论与经济管理，2013（2）：78-85.

[136] 张永安，耿喆，王燕妮．区域科技创新政策分类与政策工具挖掘——基于中关村数据的研究［J］．科技进步与对策，2015，32（17）：116-122.

[137] 赵建军．中国的绿色发展：机遇、挑战与创新战略［J］．人民论坛·学术前沿，2013（19）：80-85，95.

[138] 赵梦楠，周德群．面板单位根 Hadri 检验的有偏性及其修正［J］．数量经济技术经济研究，2008（6）：154-161.

[139] 赵细康，何满雄．习近平生态文明思想的逻辑体系［J］．广东社会科学，2022（2）：5-14，286.

[140] 中共中央马克思恩格斯．马克思恩格斯全集（第 19 卷）［M］．北京：人民出版社，2006.

[141] 中共中央马克思恩格斯列宁斯大林著作编译局．马克思恩格斯文集（第 3 卷）［M］．北京：人民出版社，2009.

[142] 中共中央宣传部．习近平新时代中国特色社会主义思想学校纲要［M］．北京：人民出版社，2019.

[143] 中国 21 世纪议程管理中心可持续发展战略研究组．全球格局变化中的中国绿色经济发展［M］．北京：社会科学文献出版社，2013.

［144］中国科技发展战略研究小组. 2002 年中国区域创新能力评价［J］. 科学学与科学技术管理，2003，24（4）：5-11.

［145］中央党校哲学教研部. 五大发展理念［M］. 北京：中共中央党校出版社，2016.

［146］周立，吴玉鸣. 中国区域创新能力：因素分析与聚类研究——兼论区域创新能力综合评价的因素分析替代方法［J］. 中国软科学，2006（8）：96-103.

［147］周亮，车磊，周成虎. 中国城市绿色发展效率时空演变特征及影响因素［J］. 地理学报，2019，74（10）：2027-2044.

［148］周叔莲. 可持续的社会主义与中国经济［M］. 北京：经济管理出版社，2000.

［149］周文，朱富强. 论当代马克思主义经济学及其发展［J］. 经济学家，2010（12）：12-19.

［150］朱春红，马涛. 区域绿色产业发展效果评价研究［J］. 经济与管理研究，2011（3）：64-70.

［151］诸大建，邱寿丰. 生态效率是循环经济的合适测度［J］. 中国人口·资源与环境，2006（5）：1-6.

［152］诸大建. 从"里约+20"看绿色经济新理念和新趋势［J］. 中国人口·资源与环境，2012，22（9）：1-7.

［153］Andrews D W K, Lu B. Consistent model and moment selection procedures for GMM estimation with application to dynamic panel data models［J］. Journal of Econometrics，2001，101（1）：123-164.

［154］Azar G，Ciabuschi F. Organizational innovation，technological innovation，and export performance：The effects of innovation radicalness and extensiveness［J］. International Business Review，2017，26（2）：324-336.

［155］Bhimani H，Mention A L，Barlatier P J. Social media and innovation：A systematic literature review and future research directions［J］. Technological Forecasting & Social Change，2019（144）：251-269.

[156] Björck Å, Duff I S. A direct method for the solution of sparse linear least squares problems [J]. Linear Algebra and its Applications, 1980 (34): 43-67.

[157] Bover O, Arellano M. Learning about migration decisions from the migrants: Using complementary datasets to model intra – regional migrations in Spain [J]. Journal of Population Economics, 2002, 15 (2): 357-380.

[158] Charnes A, Cooper W W, Rhodes E. A data envelopment analysis approach to evaluation of the program follow through experiment in US public school education [R]. Carnegie – Mellon Univ Pittsburgh Pa Management Sciences Research Group, 1978.

[159] Chen J X, Chen J. Measuring and improving eco-efficiency [J]. Environmental Modeling & Assessment, 2020, 25 (3): 373-395.

[160] Chen X, Chen X, Song M. Polycentric agglomeration, market integration and green economic efficiency [J]. Structural Change & Economic Dynamics, 2021 (59): 185-197.

[161] Chen Y E, Li C Y, Zheng M B. Identifying the influence of natural disasters on technological innovation [J]. Economic Analysis & Policy, 2021 (70): 22-36.

[162] Chen Y, Lee C C. Does technological innovation reduce CO_2 emissions? Cross-country evidence [J]. Journal of Cleaner Production, 2020 (263): 121550.

[163] Cooke P. Transition regions: Regional – national eco – innovation systems and strategies [J]. Progress in Planning, 2011, 76 (3): 105-146.

[164] Cornejo – Canamares M, Medrano N, Olarte – Pascual C. Environmental objectives and non – technological innovation in Spanish manufacturing SMEs [J]. Journal of Cleaner Production, 2021 (296): 7-14.

[165] Costantini V, Crespi F, Palma A. Characterizing the policy mix and its impact on eco – innovation: A patent analysis of energy – efficient technologies [J]. Research policy, 2017, 46 (4): 799-819.

［166］Dangelico R M. Green product innovation: Where we are and where we are going［J］. Business Strategy and the Environment, 2016, 25（8）: 560-576.

［167］De Queiroz Lamas W, Palau J C F, de Camargo J R. Waste materials coprocessing in cement industry: Ecological efficiency of waste reuse［J］. Renewable and Sustainable Energy Reviews, 2013（19）: 200-207.

［168］Dezi L, Santoro G, Monge F, et al. Assessing the impact and antecedents of university scientific research on firms' Innovation commercialisation［J］. International Journal of Technology Management, 2018, 78（1-2）: 88-106.

［169］Diamond P A, Mirrlees J A. Optimal taxation and public production I: Production efficiency［J］. The American Economic Review, 1971, 61（1）: 8-27.

［170］Dong F, Li Y, Qin C, et al. How industrial convergence affects regional green development efficiency: A spatial conditional process analysis［J］. Journal of Environmental Management, 2021（300）: 113738.

［171］Du K, Li J. Towards a green world: How do green technology innovations affect total-factor carbon productivity［J］. Energy Policy, 2019（131）: 240-250.

［172］Du K. Econometric convergence test and club clustering using Stata［J］. The Stata Journal, 2017, 17（4）: 882-900.

［173］Dyckhoff H, Allen K. Measuring ecological efficiency with data envelopment analysis（DEA）［J］. European Journal of Operational Research, 2001, 132（2）: 312-325.

［174］Edler J, Fagerberg J. Innovation policy: what, why, and how［J］. Oxford Review of Economic Policy, 2017, 33（1）: 2-23.

［175］Freeman C. Technology policy and economic performance: Lessons from Japan［M］. London: Printer Publishers, 1987.

［176］Grossman G M, Krueger A B. Economic growth and the environment［J］. The Quarterly Journal of Economics, 1995, 110（2）: 353-377.

［177］ Hadri K. Testing for stationarity in heterogeneous panel data ［J］. The Econometrics Journal, 2000, 3 (2): 148-161.

［178］ Hansen L P. Large sample properties of generalized method of moments estimators ［J］. Econometrica: Journal of the Econometric Society, 1982 (1): 1029-1054.

［179］ Harrigan K R, Di Guardo M C, Cowgill B. Multiplicative-innovation synergies: Tests in technological acquisitions ［J］. Journal of Technology Transfer, 2017, 42 (5): 1212-1233.

［180］ Henao-Garcia E A, Montoya R A C. Fostering technological innovation through management and marketing innovation. The human and non-technological linkage ［J］. European Journal of Innovation Management, 2021 (4): 1-24.

［181］ Hickel J. The sustainable development index: Measuring the ecological efficiency of human development in the anthropocene ［J］. Ecological Economics, 2020 (167): 106331.

［182］ Hoang V N, Alauddin M. Input-orientated data envelopment analysis framework for measuring and decomposing economic, environmental and ecological efficiency: An application to OECD agriculture ［J］. Environmental and Resource Economics, 2012, 51 (3): 431-452.

［183］ Hu S, Zeng G, Cao X, et al. Does technological innovation promote green development? A case study of the Yangtze River Economic Belt in China ［J］. International Journal of Environmental Research & Public Health, 2021, 18 (11): 6111.

［184］ Huang J H, Yang X G. A comprehensive eco-efficiency model and dynamics of regional eco-efficiency in China ［J］. Journal of Cleaner Production, 2014 (67): 228-238.

［185］ Jaffe A B, Peterson S R, Portney P R, et al. Environmental regulation and the competitiveness of US manufacturing: What does the evidence tell us? ［J］. Journal of Economic Literature, 1995, 33 (1): 132-163.

[186] Jiang Z Y, Wang Z J, Zeng Y Q. Can voluntary environmental regulation promote corporate technological innovation? [J]. Business Strategy and The Environment, 2020, 29 (2): 390-406.

[187] Kogan L, Papanikolaou D, Seru A, et al. Technological innovation, resource allocation, and growth [J]. The Quarterly Journal of Economics, 2017, 132 (2): 665-712.

[188] Kogan L, Papanikolaou D, Stoffman N. Technological innovation, resource allocation, and growth [J]. Quarterly Journal of Economics, 2017, 132 (2): 665-712.

[189] Korhonen P, Syrjänen M. Resource allocation based on efficiency analysis [J]. Management Science, 2004, 50 (8): 1134-1144.

[190] Kowalski A M. Dynamics and factors of innovation gap between the European Union and China [J]. Journal of The Knowledge Economy, 2021, 12 (4): 1966-1981.

[191] Li H K, He H Y, Shan J F, et al. Innovation efficiency of semiconductor industry in China: A new framework based on generalized three-stage DEA analysis [J]. Socio-Economic Planning Sciences, 2019 (66): 136-148.

[192] Li J, Chen L, Chen Y, et al. Digital economy, technological innovation, and green economic efficiency—Empirical evidence from 277 cities in China [J]. Managerial and Decision Economics, 2021 (6): 7-14.

[193] Li L. China's manufacturing locus in 2025: With a comparison of "Made-in-China 2025" and "Industry 4.0" [J]. Technological Forecasting & Social Change, 2018 (135): 66-74.

[194] Li Q, Ye D, Sun M. An evaluation method on technological innovation capability of software companies using AHP and GRA [A] //2010 3rd International Conference on Information Management, Innovation Management and Industrial Engineering [C]. IEEE, 2010 (3): 66-69.

［195］Li W, Sun H, Tran D K, et al. The impact of environmental regulation on technological innovation of resource-based industries ［J］. Sustainability, 2020, 12 (17): 6837.

［196］Li Y, Ji Q, Zhang D. Technological catching up and innovation policies in China: What is behind this largely successful story? ［J］. Technological Forecasting & Social Change, 2020 (153): 119918.

［197］Lin S, Sun J, Marinova D, et al. Evaluation of the green technology innovation efficiency of China's manufacturing industries: DEA window analysis with ideal window width ［J］. Technology Analysis & Strategic Management, 2018, 30 (10): 1166-1181.

［198］Lin S, Xiao L, Wang X. Does air pollution hinder technological innovation in China? A perspective of innovation value chain ［J］. Journal of Cleaner Production, 2021 (278): 123326.

［199］Liu C, Xia G. Research on the dynamic interrelationship among R&D investment, technological innovation, and economic growth in China ［J］. Sustainability, 2018, 10 (11): 4260.

［200］Liu Y, Dong F. How technological innovation impacts urban green economy efficiency in emerging economies: A case study of 278 Chinese cities ［J］. Resources, Conservation and Recycling, 2021 (169): 105534.

［201］Liu Y, Huang X, Chen W. Threshold effect of high-tech industrial scale on green development—Evidence from Yangtze River economic belt ［J］. Sustainability, 2019, 11 (5): 1432.

［202］Liu Y, Zhu J, Li E Y, et al. Environmental regulation, green technological innovation, and eco-efficiency: The case of Yangtze river economic belt in China ［J］. Technological Forecasting & Social Change, 2020 (155): 119993.

［203］Lydeka Z, Karaliute A. Assessment of the effect of technological innovations on unemployment in the European union countries ［J］. Engineering Economics,

2021, 32 (2): 130-139.

[204] Mahto R V, Belousova O, Ahluwalia S. Abundance－A new window on how disruptive innovation occurs [J]. Technological Forecasting & Social Change, 2020 (155): 119064.

[205] Malmquist S. Index numbers and indifference surfaces [J]. Trabajos De Estadística, 1953, 4 (2): 209-242.

[206] Murad M W, Alam M M, Ozturk I. Dynamics of technological innovation, energy consumption, energy price and economic growth in Denmark [J]. Environmental Progress & Sustainable Energy, 2019, 38 (1): 22-29.

[207] Niosi J, McKelvey M. Relating business model innovations and innovation cascades: The case of biotechnology [J]. Journal of Evolutionary Economics, 2018, 28 (5): 1081-1109.

[208] Ortega M J R. Competitive strategies and firm performance: Technological capabilities' moderating roles [J]. Journal of Business Research, 2010, 63 (12): 1273-1281.

[209] Phillips P C B, Sul D. Transition modeling and econometric convergence tests [J]. Econometrica, 2007, 75 (6): 1771-1855.

[210] Popp D. ENTICE: Endogenous technological change in the DICE model of global warming [J]. Journal of Environmental Economics & Management, 2003, 48 (1): 742-768.

[211] Porter M. The economic performance of regions [J]. Regional Studies, 2003, 37 (6-7): 549-578.

[212] Qiao Y Z. Research on technological innovation capability based on maintenance time of patent [C]. 7th Wuhan International Conference on E－Business, 2008 (1-3): 2549-2555.

[213] Rennings K. Redefining innovation—eco-innovation research and the contribution from ecological economics [J]. Ecological Economics, 2000, 32 (2):

319-332.

[214] Romer, Paul M. Increasing returns and long-run growth [J]. Journal of Political Economy, 1986, 94 (5): 1002-1037.

[215] Saxenian A L. The Cheshire cats grin-innovation and regional-development in England [J]. Technology Review, 1988, 91 (2): 66-75.

[216] Schiederig T, Tietze F, Herstatt C. Green innovation in technology and in-novation management-an exploratory literature review [J]. R&D Management, 2012, 42 (2): 180-192.

[217] Scranton P. Technology, science and American innovation [J]. Business History, 2006, 48 (3): 311-331.

[218] Shen N, Liao H L, Wang Q W. Different types of environmental regulations and the heterogeneous influence on the environmental total factor productivity: Empirical analysis of China's industry [J]. Journal of Cleaner Production, 2019 (211): 171-184.

[219] Shuai S, Fan Z. Modeling the role of environmental regulations in regional green economy efficiency of China: Empirical evidence from super efficiency DEA-To-bit model [J]. Journal of environmental management, 2020 (261): 110227.

[220] Singh S H, Maiyar L M, Bhowmick B. Assessing the appropriate grassro-ots technological innovation for sustainable development [J]. Technology Analysis & Strategic Management, 2020, 32 (2): 175-194.

[221] Solow R. Technical change and the aggregate production function [J]. Review of Economics & Statistics, 1957 (39): 312-320.

[222] Sun C, Tong Y, Zou W. The evolution and a temporal-spatial difference analysis of green development in China [J]. Sustainable Cities and Society, 2018 (41): 52-61.

[223] Sun H, Edziah B K, Kporsu A K, et al. Energy efficiency: The role of technological innovation and knowledge spillover [J]. Technological Forecasting and

Social Change, 2021 (167): 120659.

[224] Sun L, Miao C, Yang L. Ecological-economic efficiency evaluation of green technology innovation in strategic emerging industries based on entropy weighted TOPSIS method [J]. Ecological Indicators, 2017 (73): 554-558.

[225] Takalo S K, Tooranloo H S. Green innovation: A systematic literature review [J]. Journal of Cleaner Production, 2021 (279): 122474.

[226] Tao X, Wang P, Zhu B. Provincial green economic efficiency of China: A non-separable input-output SBM approach [J]. Applied Energy, 2016 (171): 58-66.

[227] Tian Y, Huang P, Zhao X. Spatial analysis, coupling coordination, and efficiency evaluation of green innovation: A case study of the Yangtze River Economic Belt [J]. Plos One, 2020, 15 (12): e0243459.

[228] Uzagalieva A, Kocenda E, Menezes A. Technological innovation in new EU markets [J]. Emerging Markets Finance & Trade, 2012, 48 (5): 48-65.

[229] Wang L, Wang Y, Sun Y, et al. Financial inclusion and green economic efficiency: Evidence from China [J]. Journal of Environmental Planning & Management, 2022, 65 (2): 240-271.

[230] Wilson C, Tyfield D. Critical perspectives on disruptive innovation and energy transformation [J]. Energy Research & Social Science, 2018 (37): 211-215.

[231] Wu Y Q, Lu H X, Liao X L, Liu J B, Zhu J M, Liu H. Foreign direct investment, regional innovation, and green economic efficiency: An empirical test based on the investigation of intermediary effect and threshold effect [J]. Computational Intelligence & Neuroscience, 2021 (14): 7-14.

[232] Xu Q, Chen L. How technology search facilitate technological innovation capability reconfiguration: Empirical study under emerging economy [A] //2014 IEEE International Conference on Management of Innovation and Technology [C]. IEEE, 2014: 418-423.

[233] Yang Y, Guo H, Chen L, et al. Regional analysis of the green develop-

ment level differences in Chinese mineral resource-based cities [J]. Resources Policy, 2019 (61): 261-272.

[234] Yuan H, Feng Y, Lee C C, et al. How does manufacturing agglomeration affect green economic efficiency? [J]. Energy Economics, 2020 (92): 104944.

[235] Zameer H, Yasmeen H, Wang R, et al. An empirical investigation of the coordinated development of natural resources, financial development and ecological efficiency in China [J]. Resources Policy, 2020 (65): 101580.

[236] Zeng S X, Xie X M, Tam C. Evaluating innovation capabilities for science parks: A system model [J]. Technological & Economic Development of Economy, 2010, 16 (3): 397-413.

[237] Zhang J X, Liu Y M, Zhang L X. Industrial eco-efficiency in China: A provincial quantification using three-stage data envelopment analysis [J]. Journal of Cleaner Production, 2017 (143): 238-249.

[238] Zhao X, Ding X, Li L. Research on environmental regulation, technological innovation and green transformation of manufacturing industry in the Yangtze River Economic Belt [J]. Sustainability, 2021, 13 (18): 10005.

[239] Zhou B, Zhou F, Zhou D, et al. Improvement of environmental performance and optimization of industrial structure of the Yangtze River economic belt in China: Going forward together or restraining each other? [J]. Journal of Chinese Governance, 2021, 6 (3): 435-455.

[240] Zhou L, Zhou C, Che L, et al. Spatio-temporal evolution and influencing factors of urban green development efficiency in China [J]. Journal of Geographical Sciences, 2020, 30 (5): 724-742.

[241] Zhou P, Wang B. Linear programming models for measuring economy-wide energy efficiency performance [J]. Energy Policy, 2008, 36 (8): 2911-2916.

[242] Zhu B, Zhang M, Huang L, et al. Exploring the effect of carbon trading mechanism on China's green development efficiency: A novel integrated approach

[J]. Energy Economics, 2020 (85): 104601.

［243］Zhuo C, Deng F. How does China's Western development strategy affect regional green economic efficiency? ［J］. Science of the Total Environment, 2020 (707): 135939.